GÉOGRAPHIE

PAR

L. DUSSIEUX

Professeur à l'École impériale militaire de Saint-Cyr

CLASSE DE CINQUIÈME

Géographie générale de l'Europe et de l'Afrique
modernes

LIBRAIRIE JACQUES LECOFFRE

LECOFFRE FILS ET Cⁱᵉ, SUCCESSEURS

PARIS, RUE BONAPARTE, 90

COURS CLASSIQUE

DE GÉOGRAPHIE

CLASSE DE CINQUIÉME

G

PARIS. — IMP. SIMON RAÇON ET COMP., RUE D'ERFURTH, 1

C.

COURS CLASSIQUE

DE

GÉOGRAPHIE

PAR

L. DUSSIEUX

Professeur d'histoire à l'École impériale militaire de Saint Cyr, membre correspondant
des Comités historiques, officier d'Académie.

CLASSE DE CINQUIÈME

**Géographie générale de l'Europe et de l'Afrique
modernes**

LIBRAIRIE JACQUES LECOFFRE

LECOFFRE FILS ET CIE, SUCCESSEURS

PARIS, RUE BONAPARTE, 90

LYON, RUE MERCIÈRE, 47, ANCIENNE MAISON PERISSE

—

1869

COURS CLASSIQUE

DE

GÉOGRAPHIE

GÉOGRAPHIE GÉNÉRALE DE L'EUROPE

CHAPITRE PREMIER
GRANDES DIVISIONS DE L'EUROPE

—

L'Europe est divisée en 17 grandes parties, qui sont :

A L'EST,

La Russie ;

AU NORD.

La Suède et la Norwége,
Le Danemark,
La Grande-Bretagne ;

AU CENTRE,

La Confédération de l'Allemagne du Nord,
Les trois états de l'Allemagne du Sud,
L'Autriche,

La Hollande,
La Belgique,
La Suisse,
La France;

AU SUD,

Le Portugal,
L'Espagne,
Le royaume d'Italie,
Les états de l'Église,
La Turquie,
La Grèce.

CHAPITRE II
FRANCE

SITUATION ET LIMITES. — GRANDES DIVISIONS TERRITORIALES.—
CAPITALES. — PRINCIPALES VILLES. — POPULATION. — POS-
SESSIONS HORS DE L'EUROPE ET COLONIES.

—

Situation et limites. — La France est bornée, au N. E.,
par la Belgique, le duché de Luxembourg, la Prusse rhénane et la Bavière rhénane ; à l'E., par le grand-duché de
Bade, la Suisse et le royaume d'Italie ; au S., par la Méditerranée et l'Espagne ; à l'O., par l'océan Atlantique ; au
N. O., par la Manche, le Pas-de-Calais et la mer du Nord.

Golfes et baies. — Au N., la mer de la Manche forme la *baie
de la Somme*, le *golfe du Calvados*, le *golfe de Saint-Malo;* à
l'O., l'océan Atlantique forme la *rade de Brest*, le *golfe du Mor-*

bihan, le grand *golfe de Gascogne*; au S., la Méditerranée forme le *golfe du Lion*, le *golfe* ou *étang de Berre* et la *rade de Toulon*.

Détroits. — Le principal détroit que l'on remarque sur les côtes de la France est le *Pas-de-Calais*, large de 30 kilom., et que les paquebots à vapeur traversent en deux heures. Le Pas-de-Calais joint la mer du Nord à la Manche et sépare la France de l'Angleterre.

A l'O., on trouve le *pertuis Breton*, entre la côte et l'île de Ré; le *pertuis d'Antioche*, entre l'île de Ré et l'île d'Oléron; le *pertuis de Maumusson*, entre l'île d'Oléron et la côte.

Presqu'îles. — Les principales presqu'îles de la France sont : la *presqu'île du Cotentin*, qui forme le département de la Manche, la *Bretagne* et la *presqu'île de Quiberon*.

Iles. — Les îles que l'on remarque sur les côtes de France sont : au N., dans la Manche, les *îles Normandes*, qui appartiennent à l'Angleterre; à l'O., dans l'Atlantique, l'*île d'Ouessant*, *Belle-Isle*, l'*île de Noirmoutiers*, l'*île d'Yeu*, les *îles de Ré* et *d'Oléron*.

Au S., dans la Méditerranée, on trouve les *îles d'Hyères* et les *îles de Lérins*.

Caps. Les principaux caps de la France sont : au N., le *cap Gris Nez*, sur le Pas-de-Calais; la *pointe de la Heve*, à l'embouchure de la Seine; la *pointe de Barfleur* et le *cap de la Hague*, à l'extrémité du Cotentin; à l'O., la *pointe de Saint-Matthieu* ou *cap Finistère*, à l'extrémité de la Bretagne; la *pointe du Croisic*, à l'embouchure de la Loire; la *pointe de Grave*, à l'embouchure de la Gironde. — Au S., la *pointe de Cervera*, à la limite de la France et de l'Espagne.

Montagnes. — Les principales chaînes de montagnes de la France sont :

Le Jura, à l'est, entre la France et la Suisse,
Les Vosges, au nord-est,
Les monts Faucilles,
Le plateau de Langres,
La Côte-d'Or,
Les Cevennes,
Les monts d'Auvergne et
   du Limousin, } au centre;
Les Alpes occidentales, au S. E.;
Les Pyrénées, au sud, entre la France et l'Espagne.

Fleuves et rivières. — Les fleuves et rivières de la France qui se jettent dans l'océan Atlantique sont :

le *Rhin,*
la *Meuse,*
l'*Escaut,*
la *Somme,*
la *Seine,*
l'*Orne,*
la *Vilaine,*
la *Loire,*
la *Charente,*
la *Garonne,*
l'*Adour.*

Les fleuves et rivières qui se jettent dans la Méditerranée sont :

l'*Aude,*
l'*Hérault,*
le *Rhône,*
le *Var.*

La plupart de ces cours d'eau reçoivent des affluents considérables et qui presque tous servent à nommer les départements.

Le *Rhin* reçoit l'Ill et la Moselle; la *Moselle* reçoit elle-même la Meurthe et la Sarre.

La *Meuse* a pour affluent la Sambre.

L'*Escaut* reçoit la Scarpe et le Lys.

La *Seine* a cinq affluents principaux :

A droite, { l'Aube,
la Marne,
l'Oise, grossie de l'Aisne,

A gauche, | l'Yonne et l'Eure.

La *Vilaine* reçoit un petit cours d'eau appelé l'Ille.

La *Loire* a sept affluents principaux :

A droite, { la Nièvre,
la Maine, formée de la Mayenne, de la Sarthe et du Loir;

A gauche, { l'Allier,
le Loiret,
le Cher,
l'Indre,
la Vienne.

La *Gironde* est formée de la réunion de deux rivières : la Garonne et la Dordogne.

La *Garonne* a pour affluents :

A droite, { l'Ariége,
le Tarn, grossi de l'Aveyron,
le Lot ;
A gauche, | le Gers.

La *Dordogne* reçoit l'Isle et la Vézère, qui est grossie de la Corrèze.

Les affluents du *Rhône* sont :

A gauche, { l'Isère,
la Drôme,
la Durance ,
A droite, { l'Ain,
la Saône, grossie du Doubs,
l'Ardeche et le Gard.

Grandes divisions territoriales. — Avant 1789, la France était divisée en 36 grandes provinces, dont on a formé les départements.

TABLEAU COMPARATIF DES PROVINCES ET DES DÉPARTEMENTS.

RÉGION DU NORD.

Provinces.	Départements.	Chefs-lieux.
Flandre.	Nord	Lille.
Artois.	Pas-de-Calais	Arras
Picardie.	Somme.	Amiens.
Normandie	Seine-Inférieure.	Rouen.
	Eure	Évreux.
	Calvados	Caen.
	Manche.	Saint-Lô.
	Orne	Alençon.
Ile-de-France	Seine	Paris.
	Seine-et-Oise	Versailles.
	Seine-et-Marne	Melun.
	Oise.	Beauvais
	Aisne.	Laon.
Champagne	Ardennes	Mézières.
	Marne	Châlons.
	Aube	Troyes.
	Haute-Marne.	Chaumont.

RÉGION DU NORD-EST

Provinces.	Departements	Chefs-lieux.
Lorraine	Meuse.	Bar-le-Duc.
	Moselle	Metz.
	Meurthe. . . .	Nancy.
	Vosges	Epinal
Alsace.	Bas-Rhin	Strasbourg.
	Haut Rhin.	Colmar

RÉGION DE L'EST.

Franche-Comte.	Doubs	Besançon.
	Jura	Lons-le-Saulnier.
	Haute-Saône.	Vesoul.
Bourgogne.	Ain	Bourg.
	Saône-et-Loire	Mâcon.
	Côte-d'Or	Dijon
	Yonne.	Auxerre.

RÉGION DU SUD-EST.

Lyonnais.	Rhône	Lyon.
	Loire	Saint-Etienne.
Dauphiné	Isère..	Grenoble.
	Hautes-Alpes . .	Gap.
	Drôme . . .	Valence.
Comtat Venaissin.	Vaucluse .	Avignon.
Provence.	Bouches-du-Rhône. . .	Marseille.
	Var.	Draguignan.
	Basses-Alpes.	Digne.
Corse.	Corse.	Ajaccio,

RÉGION DU SUD.

Languedoc.	Ardèche	Privas.
	Gard	Nîmes
	Hérault.	Montpellier.
	Aude	Carcassonne.
	Haute-Garonne	Toulouse
	Tarn.	Alby.
	Lozère	Mende.
	Haute-Loire	Le Puy.
Roussillon.	Pyrenees-Orientales . . .	Perpignan.
Comte de Foix.	Ariège, ...	Foix.

RÉGION DU SUD-OUEST.

Provinces.	Départements.	Chefs-lieux.
	Gironde.	Bordeaux.
	Dordogne.	Périgueux.
	Lot-et-Garonne	Agen.
Guyenne.	Tarn-et-Garonne.	Montauban.
	Lot	Cahors.
	Aveyron.	Rodez.
	Gers	Auch.
Gascogne.	Landes.	Mont-de-Marsan.
	Hautes-Pyrénées.	Tarbes.
Bearn.	Basses-Pyrénées.	Pau.

RÉGION DE L'OUEST.

	Finistère	Quimper.
	Morbihan.	Vannes.
Bretagne.	Côtes-du Nord.	Saint-Brieuc.
	Ille-et-Vilaine.	Rennes.
	Loire-Inférieure.	Nantes.
Maine.	Mayenne	Laval.
	Sarthe	Le Mans.
Anjou.	Maine et Loire.	Angers.
	Vienne.	Poitiers.
Poitou	Deux-Sèvres	Niort.
	Vendée.	Napoléonville.
Aunis et Saintonge.	Charente-Inférieure.	La Rochelle.
Angoumois.	Charente.	Angoulême.

RÉGION DU CENTRE.

Touraine	Indre et-Loire.	**Tours.**
	Loir-et-Cher.	Blois.
Orléanais	Eure et-Loir.	Chartres.
	Loiret.	Orléans
Nivernais.	Nièvre	Nevers.
Berry	Cher	Bourges.
	Indre	Châteauroux.
Bourbonnais.	Allier.	Moulins.
Auvergne.	Puy-de-Dôme.	Clermont.
	Cantal	Aurillac.
Limousin	Haute-Vienne.	Limoges.
	Corrèze	Tulle.
Marche.	Creuse.	Guéret.

Actuellement la France est divisée en 89 départements,

par suite de l'annexion de la Savoie et du comté de Nice qui ont formé :

La Savoie.	La Savoie.	Chambéry.
	La Haute-Savoie.	Annecy,
Le comté de Nice.	Les Alpes Maritimes. . . .	Nice.

1. Région du Nord.

1. Le DÉPARTEMENT DU NORD a été formé de la Flandre ; il a pour chef-lieu LILLE.

Les villes principales sont : Dunkerque, port de commerce, Douai, Valenciennes, Cambrai, Roubaix, Tourcoing, villes industrielles et commerçantes ; Bouvines, célèbre par la victoire que Philippe Auguste y remporta en 1214 ; Denain, où Villars gagna une bataille en 1712.

2. Le DÉPARTEMENT DU PAS-DE-CALAIS a été formé de l'Artois ; il a pour chef-lieu ARRAS.

Les villes principales sont : Calais, Boulogne, ports de commerce ; Saint-Omer ; Azincourt, où les Anglais nous ont battus en 1415 ; Lens, où le grand Condé remporta une victoire en 1648.

3. Le DÉPARTEMENT DE LA SOMME a été formé de la Picardie ; il a pour chef-lieu AMIENS, et pour villes principales : Abbeville, ville industrielle ; Crécy, où se livra la bataille de 1346 entre les Anglais et les Français.

4. Le DÉPARTEMENT DE LA SEINE-INFÉRIEURE a été formé de la Normandie ; il a pour chef-lieu ROUEN, et pour villes principales : le Havre, grand port de commerce ; Dieppe, port de commerce ; Elbeuf, où l'on fabrique des draps ; Arques, où Henri IV battit les ligueurs en 1589.

5. Le DÉPARTEMENT DE L'EURE a été formé de la Normandie ; il a pour chef-lieu ÉVREUX, et pour villes principales : Louviers, où l'on fabrique des draps, et Ivry, où Henri IV battit les ligueurs en 1590.

6. Le département du Calvados a été formé de la Normandie; il a pour chef-lieu Caen. La ville principale est Bayeux.

7. Le département de la Manche a été formé de la Normandie; il a pour chef-lieu Saint-Lô. Les villes principales sont : Cherbourg, grand port de guerre, et Granville, port de commerce.

8. Le département de l'Orne a été formé de la Normandie; il a pour chef-lieu Alençon.

9. Le département de la Seine a été formé de l'Ile-de-France; il a pour chef-lieu Paris, capitale de la France, peuplée d'un million et demi d'habitants. La ville principale est Saint-Denis.

10. Le département de Seine-et-Oise a été formé de l'Ile-de-France; il a pour chef-lieu Versailles. On remarque dans ce département: Rambouillet, Sèvres, Saint-Germain, Saint-Cloud, l'école militaire de Saint-Cyr et l'école d'agriculture de Grignon.

11. Le département de Seine-et-Marne a été formé de l'Ile-de-France; il a pour chef-lieu Melun. Les villes principales sont Fontainebleau, Meaux et Montereau.

12. Le département de l'Oise a été formé de l'Ile-de-France; il a pour chef-lieu Beauvais. On remarque dans ce département Creil et Compiègne.

13. Le département de l'Aisne a été formé de l'Ile-de-France: il a pour chef-lieu Laon. Les villes principales sont : Soissons, Saint-Quentin, ville industrielle (*cotonnades*, *linge*), et Saint Gobain, où est établie une grande manufacture de glaces.

14. Le département des Ardennes a été formé de la Champagne; il a pour chef-lieu Mézières. Les villes importantes sont Sedan, ville industrielle où l'on fabrique des draps, et Rocroi, où Condé battit les Espagnols en 1643.

15. Le DÉPARTEMENT DE LA MARNE a été formé de la Champagne, il a pour chef-lieu CHALONS. Les villes principales sont : Reims, ville industrielle (*etoffes de laine*); Épernay, où l'on fait un grand commerce de vins; Valmy, célèbre par la défaite des Prussiens en 1792.

16. Le DÉPARTEMENT DE L'AUBE a été formé de la Champagne; il a pour chef-lieu TROYES.

17. Le DÉPARTEMENT DE LA HAUTE-MARNE a été formé de la Champagne; il a pour chef-lieu CHAUMONT. Les villes principales sont : Langres, Saint-Dizier, villes commerçantes, et Bourbonne-les-Bains, qui possède des eaux minérales célèbres.

2. *Région du Nord-Est.*

1. Le DÉPARTEMENT DE LA MEUSE a été formé de la Lorraine: il a pour chef-lieu BAR-LE-DUC. La ville principale est Verdun

2. Le DÉPARTEMENT DE LA MOSELLE a été formé de la Lorraine; il a pour chef-lieu METZ. Les villes principales sont Thionville et Sarreguemines.

3. Le DÉPARTEMENT DE LA MEURTHE a été formé de la Lorraine; il a pour chef-lieu NANCY. Les villes principales sont : Lunéville, Baccarat, remarquable par sa fabrique de cristaux; Dieuze, par ses salines, et Vic, par ses mines de sel gemme.

4. Le DÉPARTEMENT DES VOSGES a été formé de la Lorraine; il a pour chef-lieu ÉPINAL. Les villes principales sont Plombières, qui possède des eaux minérales célèbres, et Domrémy, patrie de Jeanne d'Arc.

5. Le DÉPARTEMENT DU BAS-RHIN a été formé de l'Alsace; il a pour chef-lieu STRASBOURG.

6. Le DÉPARTEMENT DU HAUT-RHIN a été formé de l'Alsace; il a pour chef-lieu COLMAR. Les villes principales sont Thann et Mulhouse, villes industrielles (*cotonnades*).

3. *Région de l'Est.*

1. Le DÉPARTEMENT DU DOUBS a été formé de la Franche-Comté; il a pour chef-lieu BESANÇON.

2. Le DÉPARTEMENT DU JURA a été formé de la Franche-Comté; il a pour chef-lieu LONS-LE-SAULNIER. Les villes principales sont Saint-Claude et Arhois.

3. Le DÉPARTEMENT DE LA HAUTE-SAÔNE a été formé de la Franche-Comté; il a pour chef-lieu VESOUL.

4. Le DÉPARTEMENT DE L'AIN a été formé de la Bourgogne; il a pour chef-lieu BOURG.

5. Le DÉPARENENTT DE SAÔNE-ET-LOIRE a été formé de la Bourgogne; il a pour chef-lieu MACON. Les villes principales sont le Creuzot et Châlon, villes industrielle et commerçantes.

6. Le DÉPARTEMENT DE LA CÔTE-D'OR a été formé de la Bourgogne; il a pour chef-lieu DIJON. La ville principale est Beaune, où l'on fait un grand commerce de vins.

7. Le DÉPARTEMENT DE L'YONNE a été formé de la Bourgogne; il a pour chef-lieu AUXERRE.

4. *Région du Sud-Est.*

1. Le DÉPARTEMENT DU RHÔNE a été formé du Lyonnais; il a pour chef-lieu LYON, grande ville industrielle et commerçante, peuplée de 250,000 habitants. La ville principale est Tarare, importante par ses fabriques de mousseline.

2. Le DÉPARTEMENT DE LA LOIRE a été formé du Lyonnais; il a pour chef-lieu SAINT-ÉTIENNE, et pour villes principales Roanne et Montbrison.

3. Le DÉPARTEMENT DE L'ISÈRE a été formé du Dauphiné; il a pour chef-lieu GRENOBLE.

4. Le DÉPARTEMENT DE LA HAUTE-SAVOIE a été formé d'une partie de la Savoie; il a pour chef-lieu ANNECY.

5. Le DÉPARTEMENT DE LA SAVOIE a été formé d'une partie de la Savoie; il a pour chef-lieu CHAMBÉRY, et pour ville principale Aix-les-Bains, importante par ses eaux minérales.

6. Le DÉPARTEMENT DES HAUTES-ALPES a été formé du Dauphiné; il a pour chef-lieu GAP, et pour villes principales Briançon et Embrun.

7. Le DÉPARTEMENT DES BASSES-ALPES a été formé de la Provence; il a pour chef-lieu DIGNE.

8. Le DÉPARTEMENT DE LA DRÔME a été formé du Dauphiné; il a pour chef-lieu VALENCE.

9. Le DÉPARTEMENT DE VAUCLUSE a été formé du comtat Venaissin; il a pour chef-lieu AVIGNON.

10. Le DÉPARTEMENT DES BOUCHES-DU-RHÔNE a été formé de la Provence; il a pour chef-lieu MARSEILLE, grand port de commerce, et pour villes principales Aix en Provence et Arles.

11. Le DÉPARTEMENT DU VAR a été formé de la Provence; il a pour chef lieu DRAGUIGNAN, et pour ville principale Toulon, grand port de guerre.

12. Le DÉPARTEMENT DES ALPES-MARITIMES a été formé du comté de Nice et de l'arrondissement de Grasse distrait de l'ancien département du Var; il a pour chef-lieu NICE.

13. Le DÉPARTEMENT DE LA CORSE, qui se compose de l'île de Corse, et a pour chef-lieu AJACCIO, et pour ville principale Bastia.

5. Région du Sud.

1. Le DÉPARTEMENT DE L'ARDÈCHE a été formé du Languedoc; il a pour chef-lieu PRIVAS, et pour villes principales Annonay et Aubenas.

2. Le DÉPARTEMENT DU GARD a été formé du Languedoc; il a pour chef-lieu NIMES. Les villes principales sont Alais et Beaucaire, villes commerçantes.

3. Le DÉPARTEMENT DE L'HÉRAULT a été formé du Languedoc; il a pour chef-lieu MONTPELLIER, et pour villes principales : Cette, Agde, ports de commerce ; Lodève, où l'on fabrique des draps.

4. Le DÉPARTEMENT DE L'AUDE a été formé du Languedoc; il a pour chef-lieu CARCASSONNE, et pour ville principale Narbonne, port de commerce.

5. Le DÉPARTEMENT DE LA HAUTE-GARONNE a été formé du Languedoc; il a pour chef-lieu TOULOUSE. La ville principale est Bagnères-de-Luchon, importante par ses eaux minérales.

6. Le DÉPARTEMENT DU TARN a été formé du Languedoc ; il a pour chef-lieu ALBY, et pour ville principale Castres, où l'on fabrique des draps.

7. Le DÉPARTEMENT DE LA LOZÈRE a été formé du Languedoc; il a pour chef-lieu MENDE.

8. Le DÉPARTEMENT DE LA HAUTE-LOIRE a été formé du Languedoc ; il a pour chef lieu LE PUY.

9. Le DÉPARTEMENT DES PYRÉNÉES-ORIENTALES a été formé du Roussillon; il a pour chef-lieu PERPIGNAN, et pour ville principale Port-Vendres.

10. Le DÉPARTEMENT DE L'ARIÉGE a été formé du comté de Foix; il a pour chef-lieu FOIX.

6. *Région du Sud-Ouest.*

1. Le DÉPARTEMENT DE LA GIRONDE a été formé de la Guyenne; il a pour chef-lieu BORDEAUX, grand port de commerce. Les villes principales sont Libourne, port commerçant, et Castillon, célèbre par la bataille de 1453, qui chassa les Anglais de la France.

2. Le DÉPARTEMENT DE LA DORDOGNE a été formé de la Guyenne ; il a pour chef-lieu PÉRIGUEUX.

3. Le DÉPARTEMENT DE LOT-ET-GARONNE a été formé de la Guyenne ; il a pour chef-lieu AGEN.

4. Le DÉPARTEMENT DE TARN-ET-GARONNE a été formé de la Guyenne ; il a pour chef-lieu MONTAUBAN.

5. Le DÉPARTEMENT DU LOT a été formé de la Guyenne ; il a pour chef-lieu CAHORS.

6. Le DÉPARTEMENT DE L'AVEYRON a été formé de la Guyenne ; il a pour chef lieu RODEZ.

7. Le DÉPARTEMENT DU GERS a été formé de la Gascogne ; il a pour chef-lieu AUCH.

8. Le DÉPARTEMENT DES LANDES a été formé de la Gascogne ; il a pour chef-lieu MONT-DE-MARSAN.

9. Le DÉPARTEMENT DES HAUTES-PYRÉNÉES a été formé de la Gascogne ; il a pour chef-lieu TARBES. Les villes importantes sont : Bagnères-de-Bigorre, Cauterets, Baréges, célèbres par leurs eaux minérales.

10. Le DÉPARTEMENT DES BASSES-PYRÉNÉES a été formé du Béarn ; il a pour chef-lieu PAU. Les villes principales sont Bayonne, port de commerce ; Eaux-Chaudes et Eaux-Bonnes, qui possèdent des eaux minérales renommées.

7. *Région de l'Ouest.*

1. Le DÉPARTEMENT DU FINISTÈRE a été formé de la Bretagne ; il a pour chef-lieu QUIMPER. Les villes principales sont Brest, grand port de guerre, et Morlaix, port de commerce.

2. Le DÉPARTEMENT DU MORBIHAN a été formé de la Bretagne ; il a pour chef-lieu VANNES. La ville principale est Lorient, port de guerre.

3. Le DÉPARTEMENT DES CÔTES-DU-NORD a été formé de la Bretagne ; il a pour chef-lieu SAINT-BRIEUC.

4. Le département d'Ille-et-Vilaine a été formé de la Bretagne : il a pour chef-lieu Rennes, et pour ville principale Saint-Malo, port de commerce.

5. Le département de la Loire-Inférieure a été formé de la Bretagne ; il a pour chef-lieu Nantes. Les villes principales sont : Saint-Nazaire, Paimbœuf, ports de commerce, Indret, où sont établies de grandes usines de l'état pour la fabrication des machines à vapeur des bâtiments de guerre.

6. Le département de la Mayenne a été formé du Maine ; il a pour chef-lieu Laval.

7. Le département de la Sarthe a été formé du Maine ; il a pour chef-lieu le Mans. La ville principale est la Flèche.

8. Le département de Maine-et-Loire a été formé de l'Anjou ; il a pour chef-lieu Angers, et pour villes principales Saumur et Cholet.

9. Le département de la Vienne a été formé du Poitou ; il a pour chef-lieu Poitiers. La ville principale est Châtellerault, importante par sa manufacture d'armes.

10. Le département des Deux-Sèvres a été formé du Poitou ; il a pour chef-lieu Niort.

11. Le département de la Vendée a été formé du Poitou ; il a pour chef-lieu Napoléonville ou Bourbon-Vendée, et pour ville principale les Sables-d'Olonne, port de commerce.

12. Le département de la Charente-Inférieure a été formé de l'Aunis et de la Saintonge ; il a pour chef-lieu la Rochelle. Les villes principales sont : Rochefort, port de guerre ; Tonnay-Charente, Marans, ports de commerce ; Taillebourg, où saint Louis battit les Anglais en 1242.

13. Le département de la Charente a été formé de l'Angoumois ; il a pour chef-lieu Angoulême. Les villes princi-

pales sont : Ruelle, où la marine a d'importantes fonderies, et Cognac, ville commerçante.

8. *Région du Centre.*

1. Le DÉPARTEMENT D'INDRE-ET-LOIRE a été formé par la Touraine; il a pour chef-lieu TOURS.

2. Le DÉPARTEMENT DE LOIR-ET-CHER a été formé de l'Orléanais; il a pour chef-lieu BLOIS. On remarque dans ce département le beau château de Chambord.

3. Le DÉPARTEMENT D'EURE-ET-LOIR a été formé de l'Orléanais; il a pour chef-lieu CHARTRES.

4. Le DÉPARTEMENT DU LOIRET a été formé de l'Orléanais; il a pour chef-lieu ORLÉANS. On remarque dans ce département Briare, ville commerçante, et Patay, où Jeanne d'Arc battit les Anglais en 1429.

5. Le DÉPARTEMENT DE LA NIÈVRE a été formé du Nivernais; il a pour chef-lieu NEVERS. Les villes principales de ce département, Fourchambault, la Chaussade, Cosne, Imphy, sont importantes par leurs usines.

6. Le DÉPARTEMENT DU CHER a été formé du Berry; il a pour chef-lieu BOURGES. La ville principale est Vierzon.

7. Le DÉPARTEMENT DE L'INDRE a été formé du Berry; il a pour chef-lieu CHATEAUROUX.

8. Le DÉPARTEMENT DE L'ALLIER a été formé du Bourbonnais; il a pour chef-lieu MOULINS. Les villes importantes sont Vichy, Néris, Bourbon-l'Archambault, toutes les trois célèbres par leurs eaux minérales.

9. Le DÉPARTEMENT DU PUY-DE-DÔME a été formé de l'Auvergne; il a pour chef-lieu CLERMONT-FERRAND. Les villes principales sont Riom et les Bains du Mont-Dore.

10. Le DÉPARTEMENT DU CANTAL a été formé de l'Auvergne; il a pour chef-lieu AURILLAC.

11. Le DÉPARTEMENT DE LA CORRÈZE a été formé du Limousin ; il a pour chef-lieu TULLE.

12. Le DÉPARTEMENT DE LA HAUTE-VIENNE a été formé du Limousin ; il a pour chef-lieu LIMOGES.

13. Le DÉPARTEMENT DE LA CREUSE a été formé de la Marche ; il a pour chef-lieu GUÉRET, et pour ville principale Aubusson, où l'on fabrique des tapis.

Population. — La population de la France est de 37 millions et demi d'habitants. Si l'on divise ce nombre par le nombre de kilomètres carrés dont se compose la superficie de la France (543,000), on trouve qu'il y a 69 habitants par kilomètre carré. — La religion de la majorité des Français est le catholicisme.

Colonies.

La France a possédé, aux dix-septième et dix-huitième siècles, d'immenses colonies, qu'elle a presque toutes perdues aux désastreux traités de Paris de 1763, qui les ont fait passer au pouvoir des Anglais. Il ne nous reste actuellement que les débris de cet empire colonial fondé par Colbert, et plusieurs acquisitions récentes, dont quelques-unes sont d'une importance réelle.

COLONIES EN AFRIQUE.

Algérie. — L'Algérie est bornée, au N., par la Méditerrannée ; à l'E., par la régence de Tunis ; au S., par le Sahara ; à l'O., par l'empire de Maroc.

La distance moyenne de l'Algérie à la France est de 800 kilomètres ; la durée de la traversée est, en moyenne, de deux jours

La principale chaîne de montagnes de l'Algérie est l'*Atlas*,

qui la traverse de l'O. à l'E., et la divise en deux grandes parties :

le *Tell*, au N. de l'Atlas ;

le *Sahara algerien*, au S. de l'Atlas.

Les principales rivières ou *oued* de l'Algérie sont :

la Tafna,

l'Habrah,

le Chélif,

l'Oued-el-Kebir,

la Safsaf,

la Seybouse,

la Megherdah.

Ces rivières arrosent le Tell et se jettent dans la Méditerranée.

La rivière du Chevreau (*Oued Djeddi*) arrose le Sahara algérien et se jette dans un lac.

Géographie politique. L'Algérie est divisée en trois provinces, qui sont celles :

d'Alger, au centre ;

de Constantine, à l'est ;

d'Oran, à l'ouest.

Les villes les plus considérables sont : Alger, capitale de l'Algérie ; Oran, Constantine, chefs-lieux de provinces ; Bône, Bougie, Arzew, ports de mer.

La population est de 3 millions d'habitants mahométans et de race arabe et berbère. Il y a aussi environ 200,000 colons européens.

Productions. — L'Algérie est assez importante par ses productions, qui sont : le fer, le cuivre, le plomb, le marbre statuaire ; — les céréales, le foin, l'huile d'olive, la garance, le tabac, la soie, le coton, la cochenille, les oranges, le colza, la sésame et l'arachide, plantes propres à la fabrication des huiles; les moutons et d'excellents chevaux.

Sénégal. — Le Sénégal a pour capitale Saint-Louis ; l'île de Gorée fait partie de cette colonie. Le Sénégal fait un commerce considérable de gomme arabique et de cire.

Comptoirs de la Guinée. — La France possède sur les côtes de la Guinée les ports d'Assinie, de Grand-Bassam et de Port-Gabon.

ILES DE LA MER DES INDES.

La France possède autour de Madagascar plusieurs îles, qui sont : *Sainte-Marie, Noss Bé, Mayotte.* Cette dernière, située au N. du canal de Mozambique, contient une excellente rade ; c'est un bon port de refuge, et le seul que possède la France dans tout l'océan Indien.

La France n'a plus d'établissements dans l'île de Madagascar ; elle n'en possède pas moins la souveraineté de cette grande terre, et ses droits lui ont été reconnus par les traités de 1815,

L'île Bourbon ou *de la Réunion,* chef-lieu Saint-Denis, est une colonie importante par ses productions (sucre, café, indigo, coton, épices) et par son commerce ; mais elle n'a pas de port.

COLONIES EN ASIE.

1° *Dans les Indes.* De l'empire fondé dans les Indes par Dupleix, au dix-huitième siècle, il ne nous reste plus que cinq comptoirs de peu d'importance : *Pondichéry,* chef-lieu ; grandes fabriques de toiles de coton bleu, dites *guinées.* — Karikal, Yanaon, sur la côte de Coromandel ; Chandernagor, au Bengale ; Mahé, sur la côte de Malabar.

2° *La Basse-Cochinchine.* La capitale de la Basse-Cochinchine est Saigon. — Le royaume de Cambodge, situé à côté de la Basse-Cochinchine, est placé sous le protectorat de la France.

COLONIES D'AMÉRIQUE.

Depuis la cession du Canada aux Anglais en 1763, la France ne possède plus au Canada que le droit de pêcher la morue sur le banc de Terre-Neuve, et les deux îlots de *Saint-Pierre* et *Miquelon*, pour faire sécher le poisson.

Dans les Antilles, il ne nous reste que la Martinique, la Guadeloupe, importantes possessions : les Saintes, avec une excellente rade ; Marie-Galante, la Désirade ; la moitié de Saint-Martin.

La *Martinique* a pour chef-lieu *Fort-de-France*, ville forte et bon port. La Martinique produit d'excellent café, du sucre, du cacao, et du coton. La *Guadeloupe* a pour chef-lieu la *Basse-Terre*, et pour ville principale *Pointe-à-Pitre*, bon port. Cette île produit du sucre, du café, de l'acajou, du coton, du cacao, de l'indigo.

Dans l'Amérique méridionale, la France possède la *Guyane française*, chef-lieu *Cayenne*, immense et fertile contrée qui produit en abondance le sucre, le café et les épices. On a établi une colonie pénitentiaire à la Guyane, où sont transportés les condamnés au bagne.

COLONIES DE L'OCÉANIE.

La France possède dans le grand Océan la *Nouvelle-Calédonie* et les *îles Marquises*. La Nouvelle-Calédonie est aussi une colonie pénitentiaire.

La France a encore le protectorat de l'île *Taïti*, chef-lieu *Papeiti*, des îles *Pômotou* et des îles *Gambier*.

Population des colonies. La population des colonies françaises est de 4 millions et demi d'habitants.

CHAPITRE III
GRANDE-BRETAGNE
—

1. *Situation et limites*. — Le royaume de la Grande-Bretagne est composé d'un archipel appelé les îles Britanniques ; les deux plus importantes sont la Grande-Bretagne, à l'E., et l'Irlande, à l'O. La Grande-Bretagne contient l'Angleterre, au S.; l'Écosse, au N., et le pays de Galles, à l'O. Les petites îles Britanniques sont : les Shetland et les Orcades, au N.; les Hébrides, au N.-O.; les îles de Man et d'Anglesey, à l'O.; les îles Sorlingues, au S.-O.; et l'île de Wight[1], au S.

Les îles Britanniques sont bornées, au N. et à l'O., par l'océan Atlantique ; au S. par la Manche et le Pas-de-Calais qui les séparent de la France ; à l'E., par la mer du Nord.

Mers, golfes et détroits. — L'Irlande est séparée de la Grande-Bretagne par la mer d'Irlande, qui communique avec l'Atlantique par le canal du Nord et le canal Saint-George.

Les principaux golfes sont ceux de la Tamise, du Wash, de l'Humber, d'Édimbourg et de Murray, formés par la mer du Nord ; — le canal de Bristol, le golfe de Solway et le golfe de la Clyde, formés par l'Atlantique.

Montagnes et fleuves. — Les principales montagnes sont en

[1] Prononcez Ouaït.

Écosse; on y trouve les monts Grampians et les monts Cheviots. L'Angleterre est en général un pays plat Le pays de Galles est montueux, et on y remarque le mont Snowdon.

Les rivières les plus importantes sont :

En Angleterre :

La Tamise, l'Humber, la Tweed, qui se jettent dans la mer du Nord; — la Severn, la Mersey, qui se jettent dans l'Atlantique.

En Écosse :

Le Forth, le Tay, affluents de la mer du Nord; — la Clyde, qui se jette dans l'Atlantique.

En Irlande :

Le Shannon, affluent de l'Atlantique.

2. *Grandes divisions territoriales ; capitales, principales villes.*

ANGLETERRE ET PAYS DE GALLES.

L'Angleterre et le pays de Galles sont divisés en cinquante-deux comtés. Les villes les plus importantes sont : Londres, capitale du royaume, 2,500,000 habitants, port de commerce et ville industrielle ; Woolwich, sur la Tamise, grand arsenal de la marine militaire.

Sur la côte de la Manche, en face de la France, l'Angleterre possède les grands ports militaires de Douvres, de Portsmouth et de Plymouth. Portsmouth, sur la rade de Spithead, est le premier port et le premier arsenal de la marine anglaise.

Les grands ports de commerce de l'Angleterre sont : Hull, Newcastle et Sunderland, sur la mer du Nord; Southampton, sur la Manche ; Bristol, sur l'océan Atlantique ; Liverpool, sur la mer d'Irlande.

Les principales villes industrielles sont : Leeds (*fabriques de laine*), Sheffield (*acier, coutellerie*), Manchester (*coton*), Birmingham (*armes, machines à vapeur, quincaillerie*),

Bath (*papiers*), Exeter, Glocester, Worcester, Norwich et Derby.

On doit encore citer : York et Cantorbéry, archevêchés ; Oxford et Cambridge, universités.

ÉCOSSE.

L'Écosse a pour capitale Édimbourg, ville industrielle et commerçante ; Leith, Greenoch , Aberdeen , Inverness, port de commerce ; Dundee, Perth, Paisley, Glasgow, villes industrielles et commerçantes.

IRLANDE.

L'Irlande a pour capitale Dublin, université, ville industrielle et commerçante ; les villes principales sont : Cork, Galway, Limerick, Waterford, ports de commerce ; Belfast, ville industrielle (*toiles*).

3. *Population*. — Le royaume de la Grande-Bretagne est peuplé par 29 millions d'habitants, soit 92 habitants par kilomètre carré. La population des colonies est de 192 millions d'habitants ; l'empire Britannique est donc peuplé de 221 millions d'habitants.

Races, langues et religion — La plus grande partie de la population de l'Angleterre et de l'Écosse est peuplée par la *race anglo-saxonne*, qui parle l'*anglais*. — La haute Écosse, le pays de Galles et presque toute l'Irlande sont habités par des peuples de *race celtique* ou *gauloise* qui parlent des dialectes celtiques, le *gael* en Écosse, le *gallois* ou *kymri* dans le pays de Galles, et l'*erse* en Irlande.

La religion anglicane est la religion de la majorité des Anglais. Les Écossais sont presbytériens ; les Irlandais sont catholiques. Il y a aussi 3,000,000 de catholiques en Angleterre.

4. *Colonies et marine*. — L'Angleterre est une grande puissance maritime et coloniale. Ses colonies ouvrent de nombreux débouchés à son commerce et à son industrie, et sa marine est destinée à protéger ses nombreuses possessions.

Les Anglais possèdent aujourd'hui le plus vaste empire colonial qu'aucune nation ait jamais eu Ils dominent tous les passages, tous les grands marchés commerciaux, toutes les mers du monde ; partout leurs flottes et leurs bâtiments de commerce trouvent des arsenaux et des ports de refuge ; bref, l'Angleterre possède l'empire de la mer.

On peut diviser les colonies anglaises en 6 groupes :

Les colonies dans la mer des Indes et la mer de Chine ;

Les colonies dans l'océan Atlantique ;

Les colonies dans la mer Méditerranée ;

Les colonies dans l'Océanie ;

Les colonies d'Afrique ;

Les possessions en Europe.

1. COLONIES DANS LA MER DES INDES ET LA MER DE CHINE.

L'*Hindoustan*, capitales Calcutta, Madras et Bombay ; 183 millions d'habitants.

L'*île de Ceylan*, au sud de l'Hindoustan.

Aden, port à l'entrée de la mer Rouge.

L'*île de Périm*, qui commande le détroit de Bab-el-Mandeb.

L'*île de France* ou Maurice, et les Seychelles.

Malacca et *Singapour*, ports de commerce sur le détroit de Malacca.

L'*île de Hong-Kong*, au sud de Canton

L'*île de Laboua*, sur la côte de Bornéo.

2. COLONIES DANS L'OCÉAN ATLANTIQUE.

Ces colonies ont pour but d'assurer à l'Angleterre la route maritime qui conduit aux Indes, centre de sa puissance coloniale. Les plus importantes possessions anglaises dans l'Atlantique sont :

Bathurst, au Sénégal ;

Cape Coast, en Guinée

Les *îles de Sainte-Hélène et de l'Ascension*, offrant d'utiles relâches aux vaisseaux qui parcourent cette longue route.

La *colonie du Cap*. Cette possession commande la route des Indes. — La *Terre de Natal*.

3. COLONIES DANS LA MÉDITERRANÉE.

Ces colonies sont établies sur la route des Indes par la Méditerranée et l'Égypte, et se relient par la mer Rouge, avec Périm et Aden, que nous avons cités tout à l'heure.

Ces colonies sont *Gibraltar*, qui commande l'entrée de la Méditerranée, et *Malte*.

4. COLONIES DANS L'OCÉANIE.

L'Angleterre possède dans l'Océanie :

La *Nouvelle Hollande* ou Australie, capitale Sidney ;

L'*île de Van Diemen* ;

La *Nouvelle-Zelande*.

5. COLONIES DANS L'AMÉRIQUE.

L'Angleterre possède en Amérique :

La *Nouvelle-Bretagne*, immense contrée dont les par

ties les glus importantes sont le *Canada*, capitale Québec, l'*île de Terre-Neuve*, la *Nouvelle-Ecosse*, capitale Halifax; le *Nouveau-Brunswick*.

Les *îles Bermudes*, à l'E. des États-Unis.

Dans les Antilles, les *îles Lucayes*, la *Jamaïque*, capitale Kingston, la *Barbade*, *Sainte-Lucie*, *Saint-Vincent*, *Tabago*, la *Trinité*, etc.

Balise, dans le golfe de Honduras.

La *Guyane*.

Les *îles Malouines* ou *Falkland*, point de relâche important dans les parages du cap Horn.

La *Colombie anglaise*, sur le grand Océan.

POSSESSIONS EN EUROPE.

L'Angleterre possède en Europe, outre Gibraltar et Malte :

Les *îles Normandes*, sur la côte de France ; la principale est Jersey. Les îles Normandes faisaient partie de l'ancien duché de Normandie.

Heligoland, à l'embouchure de l'Elbe.

TOTAL DE LA POPULATION DES COLONIES ANGLAISES.

	Habitants.
Amérique du Nord.	3,400,000
Antilles et Amérique du Sud. . . .	1,0 0,000
Océanie	1,300 000
Asie.	185,000,000
Afrique.	600,000
Possessions en Europe.	500,000
	191,800,000

CHAPITRE IV
BELGIQUE, PAYS-BAS, ÉTATS SCANDINAVES

—

1. Belgique.

1. *Situation et limites.* — La Belgique est située au nord de la France. Elle est bornée, au N., par les Pays-Bas ou Hollande; à l'E., par la Prusse rhénane et le duché de Luxembourg ; au S., par la France ; à l'O., par la mer du Nord.

La Belgique est en général un pays plat et fertile. Les principales rivières qui l'arrosent sont l'Escaut et ses affluents, la Lys, la Senne, la Dyle et la Nèthe ; — la Meuse et son affluent la Sambre.

2. *Grandes divisions territoriales, capitales, principales villes.* —La Belgique est divisée en 9 provinces, qui sont :

Le Brabant belge, chef-lieu Bruxelles, capitale du royaume, 250,000 habitants. — *Villes principales :* Louvain, université; Waterloo, célèbre par la grande bataille de 1815.

La province d'Anvers, chef-lieu Anvers, port de commerce. — La ville principale est Malines, ville industrielle, centre des chemins de fer de la Belgique.

La Flandre orientale, chef-lieu Gand, ville industrielle.

La Flandre occidentale, chef-lieu Bruges. — *Villes principales :* Ostende port de commerce ; Furnes et Courtray.

Le Hainaut, chef-lieu Mons. —*Villes principales :* Tournay, Charleroy, villes commerçantes ; Fleurus, où les Français ont remporté trois victoires, en 1690, en 1794 et en 1815 ;

Fontenoy, où Louis XV gagna une grande bataille sur les Anglais, en 1745.

La province de NAMUR, chef-lieu Namur.

La province de LIÉGE, chef-lieu Liége, grande ville industrielle. — Spa est célèbre par ses eaux minérales.

Le LIMBOURG BELGE, chef-lieu Hasselt.

Le LUXEMBOURG BELGE, chef-lieu Arlon.

3. *Population*. — La population de la Belgique est de 4,700,000 habitants, soit 162 par kilomètre carré.

Races et religion. — La population des Flandres est Flamande, c'est-à-dire de race germanique; le reste de la Belgique est peuplé de Wallons, c'est-à-dire de Français. — Le catholicisme est la religion de la Belgique.

La Belgique est un territoire neutre.

2. Pays-Bas ou Hollande.

1. *Situation et limites*. — La Hollande occupe les terres basses et plates qui composent les deltas de l'Escaut, de la Meuse et du Rhin. — Elle est bornée, au N. et à l'O., par la mer du Nord; au S., par la Belgique; à l'E., par la Prusse Rhénane et le Hanovre.

Les côtes de la Hollande sont basses et partout un peu au-dessous du niveau de la mer; aussi, là où elles ne sont pas naturellement protégées contre l'inondation par des dunes, on les a défendues par des digues, qui seules préservent la Hollande d'une destruction presque totale.

Les golfes principaux sont le Zuyderzée et le Dollart. Les îles sont très-nombreuses; nous citerons: le Texel et l'île de Walcheren.— Les fleuves sont l'Escaut, la Meuse et le Rhin, qui se partagent chacun en plusieurs branches. Les principaux bras du Rhin sont: le Wahal, le Vieux-Rhin, le Lech et l'Yssel.

2. *Grandes divisions territoriales, capitales, principales villes*. — Le royaume des Pays-Bas est divisé en 11 provinces, qui sont:

La Hollande septentrionale, chef-lieu Harlem. — *Villes principales* : Amsterdam, port de commerce ; Nieuw-Diep, port de commerce et militaire.

La Hollande méridionale, chef-lieu la Haye, capitale du royaume. — *Villes principales* : Delft ; Leyde ; Rotterdam, grand port de commerce.

La province d'Utrecht, chef-lieu Utrecht, ville industrielle célèbre par les traités de 1713.

La Zélande, chef-lieu Middelbourg. — *Ville principale* : Flessingue, port de guerre.

Le Brabant hollandais, chef-lieu Bois-le-Duc.

La province de Gueldre, chef-lieu Arnheim. — *Ville principale* : Nimègue, célèbre par les traités de 1678.

La province d'Over-Yssel, chef-lieu Zwoll.

La Frise, chef-lieu Leeuwarden.

La province de Groningue, chef-lieu Groningue.

La Denthe, chef-lieu Assen.

Le Limbourg hollandais, chef-lieu Maëstricht.

3. *Population*. — La population de la Hollande est de 2 millions et demi d'habitants ; soit 100 habitants par kilomètre carré. — Les Hollandais appartiennent à la race allemande, et la religion dominante est le calvinisme.

4. *Colonies*. — Après l'Angleterre, c'est la Hollande qui possède la plus nombreuse population coloniale. Les colonies hollandaises sont :

	Habitants.
En Amérique : la Guyane, Curaçao, Saint-Eustache, Saba. . .	85,000
En Afrique : les établissements en Guinée	100,000
En Océanie : Java, Madura, Sumatra, Banca, partie de Bornéo, Célèbes, les Moluques et Timor, dans la Malaisie. . . . La Nouvelle-Guinée.	20,300,000
Total.	20,485,000

En ajoutant ce total à celui de la population de la Hollande, on trouve que la population de l'empire hollandais s'élève à 24,000,000 d'habitants.

5. GRAND-DUCHÉ DE LUXEMBOURG. Le grand-duché de Luxembourg a pour capitale Luxembourg. Il est possédé et gouverné par le roi de Hollande, grand-duc de Luxembourg, mais il est entièrement séparé du royaume de Hollande. — Le grand-duché de Luxembourg est, comme la Belgique, un territoire neutre.

3. États scandinaves.

Les états scandinaves sont :
le royaume de Danemark,
et le royaume de Suède et de Norwége.

ROYAUME DE DANEMARK.

1. *Situation*, *limites*. — Le royaume de Danemark est borné, au N., par le Skager-Rack ; à l'E., par le Cattégat, le Sund et la mer Baltique ; au S. par la Prusse ; à l'O., par la mer du Nord. Il est composé de la partie septentrionale de la presqu'île du Jutland et de l'archipel Danois, qui comprend de nombreuses îles, dont les principales sont celles de Seeland et de Fionie.

2. *Grandes divisions territoriales*, *capitales*, *villes principales*. — Le royaume de Danemark est divisé en deux parties, savoir : l'archipel Danois et le Jutland.

L'ARCHIPEL DANOIS renferme les villes de Copenhague et d'Elseneur dans l'île de Seeland, et Odensée dans l'île de Fionie. *Copenhague* est la capitale du royaume ; c'est un port militaire et commerçant. Elseneur possède une rade importante sur le Sund.

Ce détroit est la principale entrée de la mer Baltique ; sa largeur est de 4,500 mètres : plus de 25,000 navires passent le Sund chaque année.

Le JUTLAND a pour capitale Aarhuus, port de commerce.

Le Danemark possède encore, en Europe, l'*Islande*, dont la capitale est Reykiavyk, et les îles Fœroe.

3. *Population.* — La population du Danemark est de 1,600,000 habitants. — Les habitants sont de race scandinave. — La religion est le luthéranisme.

4. *Colonies.* — Le Danemark possède le Grœnland dans le nord de l'Amérique, et l'île de Sainte-Croix dans les Antilles.

ROYAUME DE SUÈDE ET DE NORWÉGE.

4. *Situation et limites.* — La péninsule Scandinave, qui comprend les deux royaumes de Suède et de Norwége, est une des contrées les plus septentrionales de l'Europe. Elle est bornée, au N., par l'océan Glacial; à l'O., par l'Atlantique; au S., par la mer du Nord, le Skager-Rack, le Cattégat et le Sund, et, à l'E., par la Baltique.

La péninsule Scandinave est traversée dans toute sa longueur par la grande chaîne des monts Dofrines, qui séparent la Suède de la Norwége. La Suède est arrosée par un grand nombre de rivières, dont les principales sont : la Tornéa, la Pitéa, l'Uméa, le Dal et la Gotha. La rivière la plus importante de la Norwége est le Glommen. Les lacs sont très-nombreux en Suède; les plus grands sont les lacs Wener, Wetter et Mélar. On doit remarquer dans la géographie de la Norwége que les côtes sont découpées par un grand nombre de *fiords* ou golfes étroits et profonds. On trouve sur les côtes de la péninsule Scandinave beaucoup d'îles : l'archipel Loffoden, les îles Œland et Gottland. Toute cette grande région est, en général, montueuse et couverte de vastes forêts de pins et de sapins, de lacs et de marais.

2. *Grandes divisions territoriales, capitales, principales villes.* — La péninsule Scandinave se divise en trois grandes parties : la Laponie, au N.; la Suède, à l'E.; la Norwége, à l'O.

La Laponie est un pays glacé, montueux, stérile; il est

habité par quelques peuplades finnoises qui n'ont d'autres richesses que leurs troupeaux de rennes. — La Suède a pour capitale STOCKHOLM. Les villes principales sont : Helsingborg, Carlscrona, Gotheborg, Malmo et Calmar, ports de commerce ; Upsal et Lund. — La Norwége a pour capitale Christiania, et pour villes principales : Bergen et Drontheim.

3. *Population.* — Le royaume de Suède et de Norwége a une population de 5 millions d'habitants. — La plus grande partie de la population appartient à la race scandinave, rameau de la race germanique. Le nord du pays est habité par les Lapons, qui sont de race finnoise. — La religion des deux pays est le luthéranisme.

CHAPITRE V

CONFÉDÉRATION DE L'ALLEMAGNE DU NORD, ÉTATS DU SUD, EMPIRE D'AUTRICHE

—

I. GÉOGRAPHIE GÉNÉRALE DE L'ALLEMAGNE.

La confédération de l'Allemagne du Nord, les états du Sud et l'empire d'Autriche occupent la partie centrale de l'Europe, désignée sous le nom général d'Allemagne.

Cette grande région est bornée : au N., par la mer du Nord, le Danemark et la mer Baltique ; à l'E., par la Russie ; au S., par la Turquie, l'Italie et la Suisse ; à l'O., par la France, la Belgique et la Hollande.

Montagnes et rivieres — L'Allemagne méridionale est un pays montueux. On y trouve : les Karpathes et les monts Sudètes, en

Hongrie : les quatre chaînes de la Bohême, qui sont : les monts des Géants, les monts de Moravie, les monts de Bohême et les monts Métalliques; puis, les Alpes de Souabe et la Forêt-Noire, à l'Ouest; enfin les Alpes, au Sud. — L'Allemagne septentrionale est, au contraire, un pays plat.

Les grands fleuves qui arrosent l'Allemagne sont :

Le Niemen,
La Vistule,   } tributaires de la mer Baltique;
L'Oder,

L'Elbe,
Le Weser,
L'Ems,   } tributaires de la mer du Nord;
Le Rhin,

Le Danube, | tributaire de la mer Noire.

Quelques-uns de ces fleuves ont des affluents importants. — Les grands affluents de l'Elbe sont : la Sprée et la Saale; — ceux du Rhin sont : le Necker, le Mein et la Lippe; — ceux du Danube sont : le Lech, l'Iser, l'Inn, la Drave, la Save, la Morava et la Theiss.

II. CONFÉDÉRATION DE L'ALLEMAGNE DU NORD.

La confédération Germanique, créée en 1815, a été détruite par la Prusse en 1866; depuis le traité de Prague, l'Allemagne est divisée en trois grandes parties, savoir :

La confédération de l'Allemagne du Nord,
les états du Sud,
l'empire d'Autriche.

1. Confédération de l'Allemagne du Nord.

La confédération de l'Allemagne du Nord, établie par la Prusse, en 1866, se compose de 22 états, peuplés de 29 millions et demi d'habitants, savoir :

Le royaume de Prusse,
le royaume de Saxe,

les grands-duchés de Hesse-Darmstadt (pour la partie située au Nord du Mein), de Mecklenbourg-Schwerin, de Mecklenbourg-Strelitz, de Saxe-Weimar, d'Oldenbourg,

les duchés de Brunswick, de Saxe-Meiningen, de Saxe-Altenbourg, de Saxe-Cobourg, d'Anhalt,

les principautés de Schwartzbourg-Rudolstadt, de Schwartzbourg-Sondershausen, de Waldeck, de Reuss-Greitz, de Reuss-Gera, de Lippe-Schaumbourg, de Lippe-Detmold,

les trois villes libres anséatiques : Brême, Lubeck et Hambourg.

La présidence de la Confédération appartient au roi de Prusse, qui représente en cette qualité la Confédération auprès des puissances étrangères, qui a le droit de déclarer la guerre et de faire la paix au nom de la Confédération, et qui est le chef de toutes les forces des états confédérés.— Les affaires générales de la Confédération sont réglées par deux assemblées, le Conseil fédéral et le Parlement. Le Conseil fédéral se compose des représentants des divers princes de la Confédération; le Parlement est formé de députés élus par les populations des divers états de la Confédération.

2. Royaume de Prusse.

1. *Bornes et rivières.* — Les bornes de la Prusse sont : au N., la mer Baltique, le Danemark et la mer du Nord; à l'O., la Hollande et la Belgique; au S., la France, le Palatinat ou Bavière rhénane, le grand-duché de Bade, la Bavière, la Saxe et l'Autriche; à l'E., la Russie.

La Prusse est en général un pays plat; elle est arrosée par le Niémen, la Vistule, l'Oder, l'Eider, l'Elbe et la Sprée, le Weser, l'Ems, le Rhin et ses affluents, la Lippe et la Moselle.

2. *Grandes divisions.* — Le royaume de Prusse est divisé en 14 parties, qui sont :

Anciennes provinces :

La Prusse,
le duché de Posen,
la Poméranie,
le Brandebourg,
la Silésie,
le Saxe prussienne,
la Westphalie,
la province du Rhin [1],
la principauté de Hohenzollern.

Pays annexés en 1866 :

le duché de Sleswig,
le duché de Holstein,
le duché de Lauenbourg,
le Hanovre,
la province de Hesse, qui comprend :
    le grand-duché de Hesse-Cassel,
    le landgraviat de Hesse-Hombourg,
    le duché de Nassau,
    la ville libre de Francfort.

1. La Prusse, capitale Kœnigsberg ; *villes principales :* Dantzick, port de commerce ; Tilsit, Elbing, villes commerçantes ; Eylau et Friedland, batailles de 1807.

2. Le duché de Posen, capitale Posen.

3. La Poméranie, capitale Stettin, port de commerce ; *villes principales :* Stralsund et Swinemunde, ports de commerce.

4. Le Brandebourg, capitale Berlin, capitale du royaume de Prusse, de la confédération de l'Allemagne du Nord et du Zollverein ; *villes principales :* Francfort-sur-l Oder, ville commerçante ; Potsdam, résidence royale.

[1] On désigne en France sous le nom de Prusse rhénane les deux provinces de Westphalie et du Rhin

5. La SILÉSIE, capitale Breslau; *villes principales* : Glogau, Neisse, Liegnitz, villes industrielles.

6. La SAXE, capitale Magdebourg; *villes principales* : Mersebourg, Halle, Erfurth, Wittenberg; Rosbach et Lutzen, champs de bataille célèbres.

La Prusse rhénane comprend les deux provinces suivantes :

7. La WESTPHALIE, capitale Munster, où l'on signa en 1648 le traité de Westphalie.

8. La PROVINCE DU RHIN, capitale Coblentz; *villes principales* : Trèves, Aix-la-Chapelle, Cologne, Dusseldorf, Solingen.

9. La PRINCIPAUTÉ DE HOHENZOLLERN est isolée du reste de la monarchie et située sur le haut Danube, entre le grand-duché de Bade et le royaume de Wurtemberg; sa capitale est Sigmaringen.

10. Le DUCHÉ DE SLESWIG, capitale Sleswig; *villes principales* : Duppel, place forte; Tonningen, port de commerce.

11. Le DUCHÉ DE HOLSTEIN, capitale Gluckstadt; *ville principale* : Kiel, port de guerre et place forte sur la Baltique.

12. Le DUCHÉ DE LAUENBOURG, capitale Lauenbourg, sur l'Elbe.

13. Le HANOVRE, capitale Hanovre; *villes principales* : Gœttingue, université; Osnabruck.

14. La PROVINCE DE HESSE, capitale Cassel; *villes principales* : Fulde; Francfort-sur-le-Mein, ville commerçante; Wiesbaden, ancienne capitale du duché de Nassau.

3. *Population, races, religion et gouvernement.* — La population de la Prusse est de 23 millions et demi d'habitants, soit 67 habitants par kilomètre carré. — La population de la Prusse appartient en général à la race allemande, à l'exception de 2 millions et demi de Polonais, qui se trouvent dans les provinces de Posen et de Prusse. — Le

protestantisme est la religion des deux tiers des habitants de la Prusse. — Le gouvernement est une monarchie constitutionnelle.

3. Petits états de la confédération de l'Allemagne du Nord.

Les petits états de la confédération de l'Allemagne du Nord sont au nombre de 21, dont les principaux sont :

Le *royaume de Saxe*, qui a pour villes principales : Dresde, capitale, et Leipsick, ville commerçante.

Le *grand-duché de Hesse-Darmstadt*, qui se compose de deux territoires séparés. Le territoire situé au Nord du Mein, qui seul fait partie de la confédération de l'Allemagne du Nord, est appelé la Hesse supérieure ; le territoire situé au Sud du Mein et arrosé par le Rhin, s'appelle la Hesse rhénane ; il renferme Darmstadt, capitale du duché, et Mayence, grande place forte.

Les *grands-duchés de Mecklenbourg-Schwerin, de Mecklenbourg-Strelitz, d'Oldenbourg et de Saxe Weimar*, qui ont pour capitales les villes de Schwerin, de Strelitz, d'Oldenbourg et de Weimar.

Les *duchés d'Anhalt, de Brunswick et de Saxe-Cobourg*, dont les capitales sont Dessau, Brunswick et Cobourg.

Les *trois villes libres anséatiques*, qui sont Brème, Lubeck et Hambourg. La plus importante des trois est Hambourg, grand centre de commerce.

III. États du Sud.

Les états du Sud de l'Allemagne sont au nombre de trois, savoir :

le grand duché de Bade,

le royaume de Wurtemberg,
le royaume de Bavière.

Ils ne font pas partie de la confédération de l'Allemagne du Nord, mais ils font partie de l'association commerciale appelée le Zollwerein, formée entre eux et les états de la Confédération du Nord, et ils sont alliés avec la Prusse, de sorte qu'en cas de guerre ils doivent placer leurs armées sous les ordres de la Prusse.

Les villes principales de ces états sont : *Carlsruhe*, capitale du grand-duché de Bade ; — *Stuttgart*, capitale du royaume de Wurtemberg ; — *Munich*, capitale de la Bavière, dont les autres villes importantes sont : *Augsbourg, Ratisbonne, Nuremberg* et *Spire*, chef-lieu de la Bavière rhénane ou Palatinat.

IV. Zollwerein [1].

La Prusse a formé, depuis quelques années, avec les états de l'Allemagne une association douanière et commerciale connue sous le nom de Zollwerein. Les états qui font partie de cette association sont :

La Prusse,
les petits états de la confédération de l'Allemagne du Nord, moins les deux villes libres anséatiques de Brême et de Hambourg,
les trois états du Sud,
le grand-duché de Luxembourg [2].

V. Empire d'Autriche.

I. *Bornes, montagnes et rivières.* — L'empire d'Autriche est borné : au N., par la Saxe, la Prusse et la Russie ; à

[1] Zollwerein, association douanière.
[2] Dont le souverain est le roi de Hollande.

l'E., par la Russie et la Turquie ; au S., par la Turquie et la mer Adriatique; à l'O., par le royaume d'Italie, la Suisse et la Bavière.

L'Autriche est en général un pays montueux ; les principales chaînes sont : les Karpathes, les Sudètes, les diverses chaînes de la Bohême et les Alpes.

Les fleuves qui arrosent l'Autriche sont : l'Elbe, la Vistule, le Dniester, au Nord ; — le Danube, au Centre et à l'Est.

II. *Grandes divisions.* — L'empire d'Autriche est divisé en 17 provinces, qui sont :

1. L'ARCHIDUCHÉ D'AUTRICHE, dont la capitale VIENNE est aussi la capitale de l'empire; *villes principales :* Linz et Wagram.

2. Le DUCHÉ DE SALZBOURG, capitale Salzbourg.

3. Le TYROL, capitale Inspruck ; *ville principale :* Trente.

4. La STYRIE, capitale Gratz.

5. La CARINTHIE, capitale Klagenfurt.

6. La CARNIOLE, capitale Laybach.

7. L'ISTRIE, capitale Trieste, port de commerce.

8. La BOHÊME, capitale Prague.

9. La MORAVIE, capitale Brunn ; *villes principales :* Olmutz et Austerlitz.

10. La SILÉSIE, capitale Troppau.

11. La GALICIE, capitale Lemberg ; *ville principale :* Cracovie.

12. La BUKOWINE, capitale Tchernowitz.

13. La HONGRIE, capitale Bude; *villes principales :* Pesth, Presbourg, Temesvar, chef-lieu de la partie de la Hongrie appelée le Banat.

14. La TRANSYLVANIE, capitale Klausenbourg.

15. Le ROYAUME DE CROATIE ET D'ESCLAVONIE, capitale Agram; *ville principale :* Fiume, port de commerce.

16. La DALMATIE, capitale Zara.

17. Les confins militaires (partie de la Croatie, de l'Esclavonie et de la Hongrie) ; *villes principales :* Karlstadt et Peterwardein.

III. *Population, races, religions et gouvernement.* — L'empire d'Autriche est peuplé de 32 millions et demi d'habitants, soit 52 habitants par kilomètre carré. — La population appartient à quatre races principales : les Allemands, les Slaves, les Hongrois ou Magyars et les Roumains ou Valaques. — La religion dominante dans l'empire d'Autriche est le catholicisme romain ou grec-uni. — Le gouvernement est une monarchie constitutionnelle.

CHAPITRE VI
SUISSE ET ÉTATS ITALIENS

—

1. Suisse.

1. *Situation et limites.* — La Suisse est bornée, au nord et à l'est, par l'Allemagne ; au sud par l'Italie, et, à l'ouest, par la France.

La Suisse est un pays montagneux et couvert par la chaîne des Alpes et par le Jura. Elle est arrosée par le Rhin et par ses affluents, l'Aar, la Reuss et la Limmat, et aussi par le Rhône. On y remarque les lacs de Constance, de Zurich, de Lucerne, de Neufchâtel et de Genève.

2. *Grandes divisions ; capitales et villes pricipales.* — La Suisse est divisée en 22 cantons : 2 sont au sud ; 4 à l'est ; 6 au centre ; 4 à l'ouest et 6 au nord.

Cantons du Sud.

CANTON DU TÉSIN, chef-lieu Bellinzona.
CANTON DU VALAIS, chef-lieu Sion.

Cantons de l'Est.

CANTON DES GRISONS, chef-lieu Coire.
CANTON DE SAINT-GALL, chef-lieu Saint-Gall.
CANTON D'APPENZEL, chef-lieu Appenzell.
CANTON DE GLARIS, chef-lieu Glaris.

Cantons du Centre.

CANTON D'URI, chef-lieu Altorf.
CANTON D'UNTERWALD, chef-lieu Stanz.
CANTON DE SCHWITZ, chef-lieu Schwitz.
CANTON DE BERNE, chef-lieu Berne, capitale de la Confédération helvétique.
CANTON DE LUCERNE, chef-lieu Lucerne.
CANTON DE ZUG, chef-lieu Zug.

Cantons de l'Ouest.

CANTON DE VAUD, chef-lieu Lausanne,
CANTON DE FRIBOURG, chef-lieu Fribourg.
CANTON DE GENÈVE, chef-lieu Genève.
CANTON DE NEUFCHATEL, chef-lieu Neufchâtel.

Cantons du Nord.

CANTON DE SOLEURE, chef-lieu Soleure.
CANTON DE BALE, chef-lieu Bâle.
CANTON D'ARGOVIE, chef-lieu Aarau.

CANTON DE ZURICH, chef-lieu Zurich.
CANTON DE THURGOVIE, chef-lieu Frauenfeld.
CANTON DE SCHAFFHOUSE, chef-lieu Schaffhouse.

3. *Population.* — La population de la Suisse est de 2 millions et demi d habitants, soit 62 par kilomètre carré. — Un million et demi de Suisses sont protestants, l'autre million est catholique. — Chaque canton est une république particulière, administrant elle-même ses intérêts locaux ; mais les 22 cantons forment entre eux une confédération, appelée *Conféderation helvetique*, à la tête de laquelle est un gouvernement fédéral chargé de la direction des affaires générales. Berne est la résidence du gouvernement fédéral. — La Suisse est un territoire neutre.

2. Italie.

1. *Situation et limites.* — L'Italie est une grande presqu'île située dans la partie méridionale de l'Europe ; elle est bornée au N., par la France, la Suisse et l'Autriche ; à l'E., par la mer Adriatique ; au S., et à l'O., par la Méditerranée.

Montagnes et rivières. — Les grandes chaînes de montagnes de l'Italie sont les Alpes et les Apennins. Les principales rivières sont · le Pô et ses affluents, le Tésin, l'Adda et le Mincio, le Tanaro et la Trébie ; l'Adige et la Brenta, le Tagliamento, le Rubicon, l Ofanto, qui se jettent dans la mer Adriatique ; — le Vulturne, le Garighano, le Tibre et l'Arno, qui se jettent dans la mer Tyrrhénienne.

Les principaux lacs sont : le lac Majeur, traversé par le Tésin ; le lac de Côme, traversé par l'Adda ; le lac de Garde, traversé par le Mincio, et le lac de Trasimène.

Les principales îles de l'Italie sont : la Corse, qui est aux Français ; la Sardaigne, l'île d'Elbe, la Sicile ; Malte, qui appartient aux Anglais.

Les volcans de l'Italie sont : l Etna, en Sicile, et le Vésuve, près de Naples.

2. *Grandes divisions, capitales, villes principales.*

Avant la guerre de 1859, l'Italie se divisait en 7 parties :

le Piémont ou royaume de Sardaigne,
le royaume Lombard-Vénitien, *a l'Autriche*,
le duché de Parme,
le duché de Modène,
le grand-duché de Toscane,
les états de l'Église,
le royaume de Naples ou des Deux-Siciles.

Elle se divise actuellement en deux parties, savoir :

le royaume d'Italie,
les états de l'Église.

I. Royaume d'Italie.

Le royaume d'Italie, qui comprend presque toute la péninsule italienne, est borné : au N., par la France, la Suisse et l'empire d'Autriche; à l'E., par la mer Adriatique ; à l'O., par la mer Tyrrhénienne.

Il se compose :

1. de l'ancien royaume de Piémont ou de Sardaigne[1],
2. de la Lombardie, cédée au Piémont par la paix de Villafranca en 1859,
3. de la Vénétie, cédée à l'Italie par la paix de Prague en 1866,
4. des duchés de Parme,
       de Modène,
       de Toscane,
5. de la Romagne. . . . .
       de la Marche d'Ancône. .
       de l'Ombrie. . . . . .
6. du royaume de Naples.

provinces faisant partie des états de l'Église,

annexés au Piémont.

---

[1] Moins la Savoie et le comté de Nice, annexés a la France.

Le royaume d'Italie est divisé en 9 grandes parties, qui sont :

1. les anciennes provinces piémontaises,
2. la Lombardie,
3. la Vénétie,
4. l'Émilie,
5. la Marche d'Ancône,
6. l'Ombrie,
7. la Toscane,
8. les provinces napolitaines,
9. les provinces siciliennes.

Les villes principales sont :

1. *Dans les anciennes provinces piémontaises.* — Dans le Piémont : Turin, capitale ; Alexandrie et Casal, places fortes ; Montebello, batailles de 1800 et 1859 ; Marengo, bataille de 1800 ; Asti ; Novare ; Magenta, bataille de 1859.

Dans le duché de Gênes : Gênes, port de commerce et grande place forte ; Savone ; Millesimo, bataille de 1796 ; la Spezzia, place forte et port militaire.

Dans l'île de Sardaigne : Cagliari, capitale de l'île.

2. *Dans la Lombardie* (ancien Milanais). — Milan, capitale ; Monza, Côme, villes industrielles ; Pavie, université ; Brescia et Bergame ; Sondrio, capitale de la Valteline. — Marignan, Agnadel, Lodi, Castiglione, Solferino, célèbres par les batailles qui se sont livrées dans leur voisinage.

3. *Dans la Vénétie.* — Venise, capitale, port de commerce et place forte ; Vérone, Mantoue, places fortes ; Arcole ; Rivoli, Padoue, université ; Campo-Formio, traité de 1797.

4. *Dans l'Emilie* [1], qui comprend :

le duché de Parme,

[1] Nom emprunté à la géographie de l'Italie pendant les derniers siècles de l'Empire romain.

le duché de Modène,
la Romagne,

Les villes principales sont :

Dans le duché de Parme : — Parme ; Plaisance, place
forte ; Fornoue.

Dans le duché de Modène : — Modène ; Carrare, célèbre
par ses carrières de marbre blanc.

Dans la Romagne : — Bologne ; Ferrare ; Ravenne. —
Saint-Marin, capitale d'une petite république encore indépendante.

5 et 6. *Dans la Marche d'Ancône et l'Ombrie :* — Ancône, port de commerce ; Urbin ; — Spolète ; Pérouse.

7. *Dans la Toscane :* — Florence, capitale du royaume
d'Italie ; Livourne, port de commerce ; Lucques ; Sienne ;
Pise. — L'île d'Elbe, importante par ses mines de fer, a
pour chef-lieu Porto-Ferrajo.

8. *Dans les provinces napolitaines :* — Naples, grande
ville de 400,000 habitants, port de commerce ; Portici et
Torre dell'Annunziata, dans le voisinage des anciennes
villes d'Herculanum et de Pompeia ; Capoue ; Gaête ; Sa-
lerne ; Tarente ; Otrante.

9. *Dans les provinces siciliennes :* — Palerme, port de
commerce, capitale de la Sicile ; Messine, Catane.

Statistique. — La population du royaume d'Italie est de
24 millions d'habitants.

La religion est le catholicisme. — Le gouvernement est
une monarchie constitutionnelle.

II. États de l'Église.

Les États de l'Église ont pour capitale Rome, siége de la
papauté et métropole de la chrétienté.

En ce moment le Pape ne gouverne plus que le *Patri-*

moine de Saint-Pierre, qui comprend Rome, Civita-Vecchia, place forte, Viterbe, Frosinone et Terracine. La population de ce territoire est de 720,000 habitants.

III. Malte et la Corse.

Deux îles de la région italienne appartiennent à des puissances étrangères : l'une est la *Corse*, qui est à la France depuis 1768 ; l'autre est *Malte*, dont les Anglais se sont emparés en 1800.

CHAPITRE VII
ESPAGNE ET PORTUGAL
—

1. Espagne.

1. *Situation et limites.* —L'Espagne est bornée au N. par les Pyrénées et la Bidassoa, qui la séparent de la France, et par le golfe de Gascogne ; — à l'O., par l'Atlantique et le Portugal ; — au S., par le détroit de Gibraltar ; — à l'E., par la Méditerranée.

La péninsule qui comprend l'Espagne et le Portugal offre, sur ses côtes, plusieurs caps remarquables : au S. la pointe d'Europe et le cap Trafalgar ; au S. O., le cap Saint-Vincent ; au N. O., les caps Finistère et Ortégal.

Les principales îles sont les Baléares, situées dans la Méditerranée, à l'est de l'Espagne ; on y remarque Mayorque et Minorque.

La péninsule espagnole est un pays montagneux ; on y trouve les Pyrénées au nord ; les monts Ibériens, qui vont du nord au

sud, et qui ont pour contre-forts la sierra Guadarrama, les monts
de Tolède, la sierra Morena et la sierra Nevada. Ces quatre chaînes
se terminent dans le Portugal.

Les principaux fleuves de l'Espagne et du Portugal sont l'Èbre,
la Segura, le Guadalquivir, qui n'arrosent que l'Espagne ; la Gua-
diana, le Tage, le Douro et le Minho, qui arrosent l'Espagne et
le Portugal.

2. *Grandes divisions territoriales, capitales, principales villes.* — L'Espagne est divisée en 14 provinces ainsi
réparties :

> 6 au nord : la Galice, les Asturies, les provinces Bas-
> ques, la Navarre, l'Aragon et la Catalogne : ces qua-
> tre dernières sont adjacentes à la France ;
> 3 à l'est : les royaumes de Valence et de Murcie et les
> îles Baléares ;
> 1 au sud : l'Andalousie ;
> 2 à l'ouest : l'Estramadure, et le royaume de Léon ;
> 2 au centre : la Nouvelle et la Vieille-Castille.

1. La GALICE, capitale Saint-Jacques-de-Compostelle ;
villes principales : la Corogne et le Ferrol, ports militaires.

2. Les ASTURIES, capitale Oviédo.

3. Les PROVINCES BASQUES (Guipuzcoa, Biscaye, Alava),
capitale Bilbao ; *villes principales* : Saint-Sébastien, Vit-
toria.

4. La NAVARRE, capitale Pampelune.

5. L'ARAGON, capitale Saragosse.

6. La CATALOGNE, capitale Barcelone, ville industrielle et
port de commerce ; *villes principales* : Reuss, ville industrielle ; Tarragone, Roses, ports de commerce ; — *Andorre*,
qui est la capitale d'une petite république vassale de la
France.

7. Le ROYAUME DE VALENCE, capitale Valence ; *villes prin*

cipales : le Grao, port de Valence ; Alicante, port de commerce.

8. Le ROYAUME DE MURCIE, capitale Murcie ; *villes principales :* Lorca ; Carthagène, port militaire.

9. ÎLES BALÉARES, capitale Palma, dans l'île de Mayorque ; Port-Mahon, excellent port, dans l'île de Minorque.

10. L'ANDALOUSIE, capitale Séville ; *villes principales :* Cadix, port de guerre et de commerce ; Xérès, Cordoue, Grenade : Malaga, port de commerce ; Gibraltar, grande place forte qui appartient aux Anglais.

11. L'ESTRAMADURE, capitale Badajoz.

12. Le ROYAUME DE LÉON, capitale Léon ; *villes principales :* Valladolid et Salamanque.

13. La NOUVELLE-CASTILLE, capitale MADRID, capitale de l'Espagne ; *villes principales :* Tolède ; Aranjuez, résidence royale ; Almaden, où l'on exploite des mines de mercure très-riches.

14. La VIEILLE-CASTILLE, capitale Burgos ; *villes principales :* Santander, port de commerce ; Ségovie ; Saint-Ildefonse et l'Escurial, résidences royales.

3 *Population.* — La population de l'Espagne est de 15 millions d'habitants, soit 33 habitants par kilomètre carré. Tous les Espagnols sont catholiques.

4. *Colonies.* — L'Espagne possède encore de très-belles colonies dont Cuba et les Philippines sont les plus riches et les plus importantes.

Les colonies espagnoles sont :

En *Afrique*, les îles Canaries; les Présides, qui se composent de plusieurs villes sur la côte de Maroc, dont la principale est Ceuta.

En *Amérique*, Cuba, Porto-Rico et la colonie Dominicaine.

En *Océanie*, les îles Philippines et les îles Mariannes. — La population des colonies espagnoles est de 7 millions d'habitants.

2. Portugal.

1. *Situation et limites.* — Le Portugal occupe la partie occidentale de la péninsule espagnole. Il est borné au N. et à l'E. par l'Espagne ; au S. et à l'O., par l'océan Atlantique.

2. *Grandes divisions, capitales et villes principales.* — Le Portugal est divisé en six provinces, qui sont :

1. ENTRE-DOURO-ET-MINHO, capitale Braga ; *ville principale :* Oporto, grand port de commerce.

2. TRAS-OS-MONTÈS, capitale Bragance.

3. BEIRA, capitale Coimbre.

4. ESTRAMADURE, capitale LISBONNE, capitale du royaume, port de guerre et de commerce ; *villes principales :* Santarem et Abrantès.

5. ALEMTÉJO (au delà du Tage), capitale Évora.

6. ALGARVES, capitale Faro.

3. *Population* — La population du Portugal est de 3 millions et demi d'habitants, tous catholiques.

4. *Colonies.* — Le Portugal possède plusieurs colonies :

En *Afrique :* Madère, les Açores, les îles du Cap Vert, des comptoirs en Sénégambie, une partie de Congo et la côte de Mozambique,

En *Asie :* Goa, Diu, dans les Indes ; Macao, en Chine.

En *Océanie :* l'île de Timor.

La population de ces diverses colonies est de 1,800,000 habitants.

CHAPITRE VIII
GRÈCE ET TURQUIE

—

1. Grèce.

1. *Situation et limites.* — Le royaume de Grèce occupe la partie méridionale d'une grande péninsule, appelée la péninsule Hellénique et dont la partie septentrionale constitue la Turquie d'Europe. — La Grèce est bornée, au N., par la Turquie ; à l'E., par l'Archipel ; au S., par la Méditerranée ; à l'O., par la mer Ionienne.

Les côtes de la Grèce sont découpées par un grand nombre de golfes, dont les plus importants sont ceux d'Athènes, de Nauplie et de Lépante. — La Grèce est un pays très-montueux. — Les principales rivières sont le Vasili-Potamo (Eurotas), le Roufia (Alphée), et l'Aspropotamo.

2. *Grandes divisions ; capitales et villes principales.* — Le royaume de Grèce est divisé en 4 grandes parties : la Grèce ou Hellade, au N. ; la Morée, au S. ; les îles Cyclades, à l'E. ; les îles Ioniennes, à l'O. — L'île de Négrepont ou Eubée appartient aussi à la Grèce.

Les villes de la Grèce sont : Athènes, capitale du royaume ; le Pirée, port de commerce ; Missolonghi et Lépante.

Les villes de la Morée sont : Corinthe, Hydra, Nauplie de Romanie, Patras, Coron, Modon, Navarin port de commerce, Marathonisi, chef-lieu du Magne, pays montagneux, habité par les *Mainotes*, descendants des anciens Spartiates, qui ont toujours conservé leur indépendance.

Dans les Cyclades, on trouve le port de Syra, port de commerce.

3. *Population.* — La population de la Grèce est de 1,350,000 habitants. — La religion est le christianisme grec schismatique.

A l'ouest de la Grèce, dans la mer Ionienne, est l'archipel *des îles Ioniennes*, dont la capitale est *Corfou*, dans l'île du même nom.

2. Turquie.

1. *Situation et limites.* — La Turquie d'Europe est bornée, au N., par l'Autriche et la Russie ; à l'E., par la mer Noire ; au S., par le Bosphore, la mer de Marmara, les Dardanelles, la mer de l'Archipel et la Grèce ; à l'O., par la mer Adriatique et l'Autriche.

La Turquie est traversée par plusieurs grandes chaînes de montagnes : les Alpes Dinariques, au nord-ouest ; les monts Balkans, à l'est ; les Alpes Helléniques, au sud.

Les principales rivières sont : le Danube et ses affluents, le Pruth, le Sereth, l'Aluta, la Save et la Morava ; la Maritza, le Vardar, la Voioutza, le Drin et la Narenta.

2. *Grandes divisions, capitales, villes principales.* — La Turquie d'Europe est divisée en 10 parties :

Les deux principautés du Danube, { la Moldo-Valaquie, la Serbie ;

Le Montenegro,
La Bulgarie,
La Roumelie (Thrace et Macédoine),
La Thessalie,
L'Albanie,
La Bosnie,
L'île de Candie ou de Crète.

1. La MOLDAVIE, capitale Jassy ; Galatz, port de commerce sur le Danube, dont les embouchures sont actuellement à la Turquie. — 1,400,000 habitants.

2. La VALAQUIE, capitale Bukarest ; Braila, ville com-

merçante. — 2,600,000 habitants. — Ces deux pays forment actuellement une seule principauté.

3. La SERBIE, capitale Belgrade. — 1,000,000 d'habitants.

Ces deux principautés sont placées sous la suzeraineté de la Turquie et sous le protectorat des cinq grandes puissances de l'Europe (1).

4. Le MONTENEGRO, dont la capitale est Cettigna, est une principauté à peu près indépendante des Turks.

5. La BULGARIE, capitale Silistrie; *villes principales :* Choumla, Viddin ; Varna, port sur la mer Noire.

6. La ROUMÉLIE, capitale CONSTANTINOPLE (Istamboul), capitale de l'empire Ottoman; ses faubourgs sont : Péra, Galata et Scutari ; *villes principales :* Andrinople, Philippopoli, Gallipoli; Salonique, port de commerce. Cette province renferme aussi le célèbre couvent grec du mont Athos.

7. La THESSALIE, capitale Larisse.

8. L'ALBANIE, capitale Scutari; *villes principales :* Durazzo, Janina.

9. La BOSNIE, capitale Traunik.

10. L'ÎLE DE CANDIE a pour capitale Candie et pour ville principale la Canée.

3. *Population.* — La population de la Turquie d'Europe est de 15 millions et demi d'habitants, soit 33 par kilomètre carré. — On ne compte dans la Turquie qu'un million de Turks; le reste des habitants se compose de Roumains (en Moldavie et Valaquie), de Slaves et de Grecs. — Les Turks et les Bosniaques sont musulmans; les autres peuples appartiennent au christianisme grec schismatique.

---

1 Les cinq grandes puissances de l'Europe sont : l'Autriche, la France, la Grande-Bretagne, la Prusse et la Russie.

4. *Possessions hors de l'Europe.* — La Turquie d'Europe n'est qu'une partie de l'empire Ottoman. L'empire Ottoman se compose, en outre de la Turquie d'Europe, de la Turquie d'Asie, de l'Hedjaz en Arabie, des provinces vassales de l'Égypte, de Tripoli et de Tunis, en Afrique. La population de tout l'empire Ottoman est de 35 millions d'habitants.

CHAPITRE IX
RUSSIE

—

1. *Situation et limites.* — La Russie occupe toute l'Europe orientale. Elle est bornée, au N., par l'océan Glacial; à l'O., par la Suède, dont elle est séparée par la Tornéa, puis par la mer Baltique, la Prusse et l'Autriche; au S., par la Turquie, la mer Noire, le Caucase et la mer Caspienne; à l'E., par le fleuve Oural et les monts Ourals.

La Russie est une grande plaine où l'on ne trouve que les monts Ourals, à l'est, et le Caucase, au sud. Elle est arrosée par la Dwina du nord, qui se jette dans la mer Blanche; par la Tornéa, qui se jette dans le golfe de Bothnie: par la Néva, qui se jette dans le golfe de Finlande; par la Dwina, qui se jette dans le golfe de Riga ou de Livonie; par le Niémen et la Vistule, affluents de la mer Baltique. Les fleuves qui se jettent dans la mer Noire sont : le Dniester, le Dniéper, le Don et le Kouban. Ceux qui se jettent dans la mer Caspienne sont : le Térek, le Volga et l'Oural.

La Russie d'Europe est dix fois grande comme la France, mais une grande partie est inhabitée; tout le nord de ce pays est stérile et glacé; tout le sud se compose de steppes; et près de la moitié de la Russie est couverte de forêts. En résumé, le quart seulement de cette vaste contrée est cultivé et peuplé.

2. *Grandes divisions, capitales, villes principales.* — La Russie d'Europe est divisée en un grand nombre de gouvernements, que l'on peut réunir en sept groupes, savoir :

1. Provinces baltiques.
2. Provinces polonaises.
3. Moscovie ou Russie proprement dite.
4. Petite-Russie.
5. Nouvelle-Russie.
6. Russie orientale.
7. Russie septentrionale.

1. PROVINCES BALTIQUES. Ces provinces sont : la Finlande, l'Ingrie, l'Esthonie, la Livonie et la Courlande. Leurs villes principales sont : en Finlande, Helsingfors, capitale de ce pays ; Svéaborg et Abo. Dans l'Ingrie, *Saint-Pétersbourg*, capitale de l'empire ; Cronstadt, grande place forte et port de guerre ; Revel, capitale de l'Esthonie ; Riga, capitale de la Livonie, port de commerce ; Dorpat ; Mittau, capitale de la Courlande.

2. PROVINCES POLONAISES. Ces provinces sont : la Lithuanie et le royaume de Pologne. La Lithuanie renferme les villes de Vilna, Vitepsk, Grodno, Minsk et Mohilev, villes commerçantes.

Le royaume de Pologne a pour capitale Varsovie; les villes principales sont : Praga, Modlin et Lublin.

3. MOSCOVIE. La Moscovie, ou Russie centrale, a pour villes principales : Moscou, ville industrielle et commerçante, dans les environs de laquelle se trouve Borodino, où s'est livrée, en 1812, la bataille de la Moskova ; Nijni-Novgorod, Smolensk et Novgorod.

4. Petite-Russie. Les villes principales sont : Kiev et Poltava, célèbre par la bataille de 1709.

5. Nouvelle-Russie. La Nouvelle-Russie se compose, en général, des provinces conquises sur les Turks. Les villes principales sont : Kherson, Nikolaïef ; Odessa, port de commerce ; Sébastopol et Kertch dans la Crimée, Taranrog et Azof sur la mer d'Azof.

6. Russie orientale. Les villes les plus importantes sont : Kazan, Saratov ; Astrakan, port de commerce sur la Caspienne ; Perm ; Iékatérinbourg, importante par ses mines.

7. Russie septentrionale. Arkangel, port de commerce, est la seule ville considérable de cette immense région.

3. *Population.* — La Russie est peuplée de 67 millions d'habitants, ce qui ne lui donne cependant que 12 habitants par kilomètre carré. — La population de la Russie se compose de peuples très-différents les uns des autres par la race, la langue et la religion. Les principaux sont les Russes au centre, les Polonais à l'ouest, les Cosaques au sud-est, les Finnois au nord, les Tartares à l'est et au sud. La religion dominante est le christianisme grec schismatique ; les autres religions sont : le catholicisme, en Pologne ; le protestantisme dans les provinces baltiques ; le mahométisme chez les Tartares ; le judaïsme.

4. *Possessions hors de l'Europe.* — La Russie possède, en Asie, la Sibérie et la Russie du Caucase. Ces diverses possessions sont peuplées de 6 millions d'habitants.

GÉOGRAPHIE GÉNÉRALE DE L'AFRIQUE

Situation et limites de l'Afrique. — L'Afrique est située au sud-ouest de l'Asie, à laquelle elle est rattachée par l'isthme de Suez, et au sud de l'Europe, dont elle est séparée par la mer Méditerranée et par le détroit de Gibraltar. Elle est bornée, au nord, par la Méditerranée et le détroit de Gibraltar; à l'ouest, par l'océan Atlantique; à l'est, par la mer des Indes et la mer Rouge.

Divisions de l'Afrique. — L'Afrique est divisée en 21 grandes parties, qui sont :

7 au Nord,	l'empire de Maroc, l'Algérie, les régences de Tunis et de Tripoli, l'Égypte, la Nubie et l'Abyssinie ;
3 à l'Est,	la côte des Somaulis et la côte d'Ajan, la côte de Zanguebar, la côte de Mozambique ;
5 au Sud,	la colonie du Cap, la colonie de Natal, la république du fleuve Orange, la république Transwahalienne, le pays des Hottentots ;
3 à l'Ouest,	le Congo, la Guinée, la Sénégambie ;
au Centre,	la Cafrerie, la Nigritie ou Soudan, le Sahara.

Afrique connue des anciens.

Les anciens connaissaient seulement la partie septentrionale de l'Afrique ; ils la divisaient en 7 grandes régions, savoir :

La *Mauritanie*, { empire de Maroc,
                 { Algérie occidentale (Oran, Alger).
La *Numidie*, Algérie orientale (Constantine).
L'*Afrique*, régences de Tunis et de Tripoli.
L'*Égypte*, l'Égypte.
La *Cyrénaïque*, partie orientale de la régence de Tripoli.
L'*Éthiopie*, Nubie et Abyssinie.
La *Libye*, Sahara

1. *Géographie politique de l'Afrique septentrionale, cor-respondant à l'Afrique connue des anciens.*

La partie de l'Afrique connue des Anciens comprend 8 grandes divisions .

L'empire de Maroc,
L'Algérie,
La régence de Tunis,
La régence de Tripoli,
L'Égypte,
La Nubie,
L'Abyssinie,
Le Sahara.

On y remarque la grande chaîne de l'Atlas, et parmi les rivières, le Chélif, la Megherda et le Nil.

1. EMPIRE DE MAROC. L'empire de Maroc est borné, au N., par le détroit de Gibraltar et la Méditerranée ; à l'E., par l'Algérie ; au S., par le Sahara ; à l'O., par l'océan Atlantique. — L'empire de Maroc (*Maugreb*) a pour villes principales : Maroc, capitale ; Fez, Méquinez ; Tanger, sur le détroit de Gibraltar ; Mogador, sur l'Océan. Le Maroc est peuplé par 8 millions et demi d'habitants, Berbères et Arabes.

2. ALGÉRIE. L'Algérie, possession française, est bornée. au N., par la Méditerranée ; à l'O., par le Maroc ; à l'E., par Tunis, et au S., par le Sahara. Elle a pour capitale

3.

Alger, et pour villes principales, Oran, Constantine, Bône, Bougie, Mascara et Tlemcen. La population de l'Algérie est de 3 millions de Berbères et d'Arabes, et de 200,000 Européens.

3. RÉGENCE DE TUNIS. Cet état, vassal de la Turquie, est borné au N. et au N. E., par la Méditerranée; à l'E., par la régence de Tripoli; au S., par le Sahara; à l'O., par l'Algérie.

Les villes principales, sont : Tunis, capitale, et la Goulette, port fortifié.

4. RÉGENCE DE TRIPOLI. Cette province turque est bornée, au N., par la Méditerranée; à l'E., par l'Égypte; au S., par le Sahara; à l'O., par la régence de Tunis.

Les villes principales sont : Tripoli, capitale; Mourzouk, capitale de l'oasis du Fezzan, grand centre commercial.

5. ÉGYPTE. L'Égypte est bornée, au N., par la Méditerranée; à l'E., par l'isthme de Suez et la mer Rouge; au S., par la Nubie; à l'O., par le Sahara.

L'Egypte est arrosée par le Nil, dont les inondations régulières causent la fertilité du pays. Le Nil se jette dans la Méditerranée par plusieurs embouchures qui entourent une contrée appelée le Delta ou la Basse-Égypte. L'isthme de Suez, qui sépare la Méditerranée et la mer Rouge, n'a que 120 kilom. de largeur.

L'Égypte est divisée en trois parties :

La Basse-Égypte ou Delta, au N.; la Moyenne-Égypte, au Centre; la Haute-Égypte, au S.

Les villes principales sont : dans la Basse-Égypte, le Caire, capitale; Gizéh, près des grandes Pyramides; Mansourah; Matariéh, sur l'emplacement d'Héliopolis; Rosette et Damiette, ports de commerce; Alexandrie, grand port de commerce, entrepôt du commerce de l'Inde et de l'Europe; Aboukir; Suez, port sur la mer Rouge.

Dans la Moyenne et la Haute-Égypte : Medynet-el-Fayoum, Minyeh ; Louksor et Karnak, villages sur les ruines de Thèbes ; Syout, Girgéh, villes commerçantes.

La population est de 3 à 4 millions ; elle est formée d'Arabes et de Coptes. Ces derniers sont les descendants des anciens Égyptiens.

L'Égypte est gouvernée par un pacha héréditaire et vassal des Turks, qui possède encore la Nubie.

6. Nubie. La Nubie est bornée, au N., par l'Égypte ; à l'E., par la mer Rouge ; au S., par l'Abyssinie ; à l'O., par le Sahara.

Les villes principales de la Nubie sont : Khartoum, résidence du gouverneur égyptien ; Ibsamboul, Sennaar, Chendy, Dongola ; Souakim, port de commerce sur la mer Rouge ; Obéid, capitale du Kordofan.

Les différents pays qui composent la Nubie appartiennent au pacha d'Égypte.

7. Abyssinie. L'Abyssinie est bornée, au N., par la Nubie ; au S., par le pays des Gallas ; à l'E., par la mer Rouge ; à l'O., par la Nigritie. L'Abyssinie (*Alberegran*, plateau) est une haute terre montagneuse. Les plus hautes chaînes qui la parcourent sont celles du Sémen et du Lasta, hautes de 5,000^m. Les rivières qui arrosent l'Abyssinie sont le Nil Blanc, le Nil Bleu et le Tacazzé, affluent du Nil. Jadis l'Abyssinie formait un état puissant, gouverné par un souverain appelé *Négus;* aujourd'hui cette contrée est morcelée et partagée en plusieurs états, savoir :

Le *royaume de Tigré*, état civilisé et chrétien, gouverné par le Ras d'Abyssinie. Les villes principales sont : Adouah, capitale, et Axoum.

Le *royaume de Gondar* ou d'*Amhara*, capitale Gondar, ancienne capitale de l'empire d'Abyssinie, résidence du Négus, autrefois empereur de toute l'Abyssinie.

Le *royaume de Choa*, capitale Ankober.

Le Pays des Gallas; les Gallas, peuple barbare et païen, habitent au sud de l'Abyssinie; quelques-unes de leurs tribus ont conquis l'Abyssinie méridionale et orientale.

8. Sahara. Le Sahara ou grand désert est borné, au N., par le Maroc, l'Algérie et les régences de Tunis et de Tripoli; à l'E., par l'Egypte et la Nubie; au S., par la Nigritie; à l'O., par l'océan Atlantique.

Le Sahara est une vaste plaine de sable et de sel, d'une surface de 230,000 lieues carrées (neuf fois la superficie de la France); c'est une plaine basse, très-peu élevée au-dessus du niveau de l'Océan. Cette mer de sable sépare absolument l'Afrique australe de l'Afrique du Nord. On y trouve quelques oasis, habitées par les Touaricks et les Tibbous.

2. *Géographie politique de la partie de l'Afrique inconnue des anciens.*

Cette partie de l'Afrique comprend 13 grandes divisions, qui sont :

La côte des Somaulis et la côte d'Ajan,
La côte de Zanguebar,   } à l'Est.
La côte de Mozambique,

La colonie du Cap
La colonie de Natal,
La république du fleuve Orange,   } au Sud.
La république Transwahalienne,
Le pays des Hottentots,

Le Congo,
La Guinée,   } à l'Ouest.
La Sénégambie,

La Cafrerie,   } au Centre.
la Nigritie,

1. Côte des Somaulis. La côte des Somaulis est située à l'angle oriental de l'Afrique; la partie qui est au S. du

cap Guardafui porte le nom de côte d'Ajan et est aride et déser.

2. Côte de Zanguebar. La côte de Zanguebar a pour villes principales : Magadoxo, Mombaza, capitales de petits états de même nom, ports commerçants ; Melinde, jadis très-considérable ; Quiloa, port de commerce ; Zanzibar, grande place de commerce, dans l'île de même nom ; c'est la capitale des états africains de l'iman de Maskate, souverain arabe qui possède la côte de Zanguebar.

3. Côte de Mozambique. La côte de Mozambique, possession portugaise, est située entre le cap Delgado et la baie de Lagoa. Ses villes principales sont : Mozambique, capitale ; Mesuril, Tetté, Senna, Sofala, Quilimané, ports de commerce. Dans l'intérieur du pays était situé l'ancien empire du Monomotapa détruit par les Cafres.

4. Colonie du Cap. Cette colonie, fondée par les Hollandais au dix-septième siècle, leur a été enlevée par les Anglais en 1806 ; c'est une relâche importante sur la route des Indes.

Les villes principales de la colonie du Cap sont : Capetown (Le Cap), chef-lieu de la colonie, port de commerce ; Constance, village renommé par ses vins ; Uitenhagen.

La population de cette contrée est de 160,000 habitants ; elle est composée d'Anglais, de Hollandais (*Boers*) et de Hottentots.

5. Colonie de Natal. Cette belle colonie anglaise, dont le chef-lieu est Durban, est séparée de la colonie du Cap par une partie de la Cafrerie qui est encore indépendante des Anglais et qui s'appelle la *Cafrerie* proprement dite.

6 et 7. Républiques du fleuve Orange et Transwahalienne. La plus grande partie des Boers de la colonie du Cap a émigré et a fondé, au nord du pays occupé par les

Anglais, les deux républiques du fleuve Orange et Trans-wahalienne.

La république du fleuve Orange, peuplée de 15,000 habitants, a pour capitale *Bloemfontein*.

La république Transwahalienne, peuplée de 40,000 habitants, a pour capitale *Potchefstrom*. Elle tire son nom du Wahal, affluent du fleuve Orange.

8. Pays des Hottentots. Cette grande contrée, baignée par le fleuve Orange, est habitée par des peuplades sauvages que les missionnaires anglais essayent de convertir au christianisme. On rencontre au centre de cette région le désert de Kalahari.

9. Congo. Le Congo est compris entre le cap Negro et le cap Lopez. Ce vaste pays est encore le plus grand marché d'esclaves de l'Afrique. Les Portugais possèdent, au Congo, les deux royaumes d'Angola et de Benguela, dont la capitale est Loanda. Le reste de la région du Congo est composé de plusieurs états indépendants, dont le plus important est le royaume du Congo, arrosé par le Zaïre; sa capitale est San-Salvador.

10. Guinée. La Guinée est comprise entre le cap Lopez et le cap des Palmes. Cette région porte les différents noms de côte du Gabon, côte des Esclaves, côte d'Or, côte d'Ivoire, côte du Poivre. Les Anglais, les Français et les Hollandais ont de nombreux comptoirs fortifiés sur ces côtes fertiles et riches, mais malsaines.

Les principaux établissements européens sont :

Cape-Coast, chef-lieu des comptoirs anglais.

Port-Gabon,
Grand-Bassam,   } aux Français.
Assinie,

Elmina, chef-lieu des comptoirs hollandais.

Les principaux états indigènes sont : le *royaume des*

Ashanties, dont la capitale est Coumassie, — le *royaume de Dahomey*, capitale Abomey.

La république nègre de *Libéria*, fondée par les États-Unis, est aujourd'hui indépendante; sa capitale est Monrovia.

11. Sénégambie. La Sénégambie est comprise entre le cap des Palmes et l'embouchure du Sénégal. Cette grande contrée, baignée par le Sénégal, la Gambie et le Rio-Grande est partagée entre un grand nombre de tribus nègres.

Les principaux établissements européens sont :

La colonie française du Sénégal, chef-lieu Saint-Louis. Cette colonie se compose des côtes entre Portendik et Gorée et du bassin du Sénégal.

Les colonies anglaises de Bathurst et de Sierra-Leone. La colonie de Sierra-Leone, chef-lieu Freetown, a été fondée dans le but de donner un asile aux nègres affranchis; cette colonie, sans importance militaire ou commerciale, est d'une insalubrité extrême.

Les colonies portugaises ont pour chef-lieu Cachéo.

12. Nigritie. La Nigritie ou Soudan est située entre la Sénégambie et l'Abyssinie, et au sud du Sahara ; elle est arrosée par le Niger, qui se jette dans l'océan Atlantique, et par le Chary, qui se jette dans le lac Tchâd. Les peuples sauvages et noirs qui habitent la Nigritie sont en général mahométans. Les principales villes du pays sont Tombouctou, centre d'un grand commerce ; Sackatou, capitale des Fellatahs, la nation la plus considérable du Soudan; Kouka, capitale du Bournou. On doit aussi mentionner les pays de Darfour et du Ouaday.

13. Cafrerie. La Cafrerie occupe un grand plateau qui constitue la partie centrale de l'Afrique australe et dont les versants sont formés par deux grandes chaines, les monts Lupata, à l'est, et les monts du Congo, à l'ouest. Généra-

lement la surface de la Cafrerie ne présente que des steppes herbacées, habitées par des sauvages et remplies d'éléphants, de rhinocéros, de girafes et de bêtes féroces. On y rencontre de nombreuses rivières et les grands lacs Victoria ou Nyanza, d'où sort le Nil Blanc, Tanganyika, Nyassa, au N. E., et le lac Ngami, au sud.

FIN

TABLE

—

PARIS. — IMP. SIMON RAÇON ET COMP , RUE D'ERFURTH, 1.

COURS CLASSIQUE DE GÉOGRAPHIE

SUIVANT LE DERNIER PROGRAMME

PAR L. DUSSIEUX

Professeur à l'École impériale militaire de Saint-Cyr

CLASSE DE SIXIÈME. — Géographie physique du globe. — Géographie générale de l'Asie moderne. 1 vol. in-12.

CLASSE DE CINQUIÈME. — Géographie générale de l'Europe et de l'Afrique modernes. 1 vol. in-12.

CLASSE DE QUATRIÈME. — Géographie générale de l'Amérique et de l'Océanie. 1 vol. in-12.

CLASSE DE TROISIÈME. — Description particulière de l'Europe. 1 vol. in-12.

CLASSE DE SECONDE. — Description particulière de l'Asie, de l'Afrique, de l'Amérique et de l'Océanie. 1 vol. in-12.

COURS DE GÉOGRAPHIE PHYSIQUE ET POLITIQUE. — à l'usage des aspirants aux baccalauréats ès sciences et ès lettres, et aux Écoles du gouvernement (Saint-Cyr, Polytechnique et Forestière). — 1 vol. in-12, avec les réponses au Programme.

COLLECTION D'ATLAS

Correspondant à chacune des parties des Cours d'Histoire et de Géographie suivant le Programme

PAR L. DUSSIEUX

N° 6. — CLASSE DE SIXIÈME. — 20 cartes. 1 vol. in-4°.
N° 7. — — CINQUIÈME. — 22 cartes. 1 vol. in-4°.
N° 8. — — QUATRIÈME. — 19 cartes. 1 vol. in-4°.
N° 9. — — TROISIÈME. — 59 cartes. 1 vol. in-4°.
N° 10. — — SECONDE. — 52 cartes. 1 vol. in-4°.
N° 11. — — RHÉTORIQUE. — 39 cartes. 1 vol. in-4°.

N° 3. — ATLAS A L'USAGE DES ASPIRANTS AUX BACCALAURÉATS ès sciences et ès lettres et aux Écoles du gouvernement (Saint-Cyr, Polytechnique et Forestière), 31 cartes. 1 vol. in-4°.

GÉOGRAPHIE physique, agricole, industrielle, commerciale et administrative de la France et de ses colonies; par L. Dussieux. 1 v in-12.

N° 4. — ATLAS POUR SERVIR A L'ÉTUDE DE L'HISTOIRE ET DE LA GÉOGRAPHIE DE LA FRANCE, 46 cartes. 1 vol. in-4°.

(N° 1) ATLAS GÉNÉRAL DE GÉOGRAPHIE

PHYSIQUE, POLITIQUE ET HISTORIQUE

PAR L. DUSSIEUX

Comprenant 179 Cartes coloriées avec soin et 24 Cartons également coloriés (111 pl.)

1 fort volume in-4

56. — PARIS. — IMP. SIMON RAÇON ET COMP., RUE D'ERFURTH, 1.